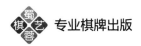

专业棋牌出版

U0616020

机会数理论

朱　扬◎著

成都时代出版社
CHENGDU TIMES PRESS

图书在版编目（CIP）数据

机会数理论 / 朱扬著. -- 成都 ： 成都时代出版社，
2025. 4. -- ISBN 978-7-5464-3676-0

I. G892.2

中国国家版本馆CIP数据核字第2025FJ1319号

机会数理论
JIHUISHU LILUN

朱　扬◎著

出 品 人　钟　江
责任编辑　李　林
责任校对　樊思岐
责任印制　江　黎　曾译乐
装帧设计　原创动力

出版发行　成都时代出版社
电　　话　028-86742352（编辑部）
　　　　　028-86763285（图书发行）
印　　刷　雅艺云印（成都）科技有限公司
规　　格　165mm×230mm
印　　张　23.75
字　　数　450千
版　　次　2025年4月第1版
印　　次　2025年4月第1次印刷
印　　数　1-4000
书　　号　ISBN 978-7-5464-3676-0
定　　价　60.00元

本书共分上下两篇：

上篇介绍机会数理论微观判别法，开局、中局和残局打法，涉及10张无听牌型、7张无听牌型、四人抬轿的最新研究成果——模型打法、复合型打法以及二阶、三阶听牌等多阶打法。

下篇介绍缩水理论、猜牌、逆风局突围以及知识小金库，涉及换三张判别式的应用、价值打法、剥皮打法、对子活跃度问题等。本篇重点介绍了猜牌的理论依据和数学原理。

建议读者在阅读开局打法前，先阅读中局打法。因为开局中的10张无听牌型很多概念和打法相对较难。把中局7张无听牌型搞懂了，回头来看10张无听牌型的这些概念和打法，就会豁然开朗：原来如此。

从成书的逻辑性来说，必定是先写开局，再写中局，最后写残局。从麻将上百年的发展情况来看，都是把重点放在中局和残局阶段。因为麻将的随机性太强，过早研究意义不大，此其一。加上麻将开局阶段的牌型太多、太乱、太复杂，且毫无规律可循，让无数研究者望而却步，此其二。所以关于麻将开局打法的书籍本人从未见过，即便有这样的书也仅仅是局限于文字的模糊表述而已。

本人在2012年出版的第一本书《成都麻将高级打法》里就用数学的方法探讨了麻将的中局打法——7张无听牌型，残局打法——四人抬轿。这些年来，又陆续出版了三种图书，发表了数篇文章，对7张无听牌型和四人抬轿的研究作了更加深入的探讨，使其相关理论更加完善。

这些年来，本人对开局阶段——10张无听牌型的研究从未停止。直到2022年春节前夕，我的理论研究才有所突破，发现10张无听牌型只有走狭义7张无听牌型的路径才是最优的路线图。2024年元旦期间，我的理论研究又有了重大突破，推导出了10张无听牌型最优的数学模型。填补了机会数理论开局打法的这一空白，也完成了本人多年来的心愿。

从以上的叙述中大家可以看出机会数理论的创立是先有中局和残局的数学模型，后有开局的数学模型。因此在阅读本书时最好先看7张无听牌型这个章节。

为什么要反复强调7张无听牌型的重要性？因为7张无听牌型这个牌型的特点是进张一次就可听牌，它越过了四人抬轿这个过程；它是10张无听牌型向前推进过程中的最优化路线。这一理论原理现已成为计算机软件工程师设计麻将软件的底层逻辑，并运用到了计算机和手机软件上作为打牌晋级、进阶考试的评判标准。

所以，如果把7张无听牌型的相关原理真正搞懂了，再来学习10张无听牌型的牌型内容就会感觉轻松很多。特别是在学习实战案例的时候，就会明白为什么要这样打，这样打的理论依据是什么。因为在介绍10张无听牌型的相关内容时，也常常会用7张无听牌型的很多理论原理来加以说明。

书中个别案例采用了三门花色，因为它们在这个知识点上不仅最具有代表性，而且很有趣味性。

以上文字算是本书的一个注释和对读者的一个阅读提示吧。

朱　扬

2024年2月

目　录

─ 上 篇 ─

－ 下 篇 －

本书中的麻将术语解释

下　叫——指听牌或下听。

对杵叫——指听对子牌。

查　叫——指牌局结束时检查牌手是否听牌。

死　叫——指要胡的牌张已经没有了,俗称"理论叫"。

胡　牌——"和牌"的意思。

点　炮——"放炮"的意思。

点　杠——指打出去的牌被别人杠。

带　根——指"四归一",四张相同的牌在手上。

直　杠——就是"点杠"的意思。

牌　池——指已打在桌面上的明牌。

牌　墙——指堆砌在牌桌上等待摸的牌。

门　前——指桌前摆放碰牌和杠牌的地方。

成　副——指胡牌的基本单元:三个连张或一个刻子。

划　船——指跟着熟张走,不放炮。

踩　线——跟着1、4、7这样的线打牌,避免放炮。

偷　渡——指原本可以明杠的牌,推迟到以后再杠。

刻　子——指三张相同的牌。如555、999等。

坎　子——与刻子意义相同。

间　张——指间隔相邻的牌,如2、4等。

靠　张——指一张孤牌,摸了一张与它相邻的牌。

生　张——指牌池中没有出现过的牌。

熟　张——指牌池中已经出现过的牌。

立　牌——指手中正在做的牌。

荒　牌——指牌局结束时,大家都没有胡牌。

消　根——指别人碰某牌之后,打出第四张该牌。

低　张——狭义理解,指1、2的数字牌;广义理解,指1、2、3的数字牌。

中　张——狭义理解,指4、5、6的数字牌;广义理解,指3—7的数字牌。

高　张——狭义理解,指8、9的数字牌;广义理解,指7、8、9的数字牌。

上篇

第一章　机会数微观判别法

微观判别法是机会数理论的又一重大研究成果。它与机会数的宏观计算法相互对应，主要是从微观层面对牌型进行研究。

微观判别法用无听牌型的相关理论，成功地解决了长期以来困扰二阶听牌和三阶听牌的理论问题。为多阶听牌的操作奠定了坚实的理论基础，也将成为软件工程师开发多阶听牌软件的底层逻辑。

第一节　微观判别法的基本理论

一、问题的引入

2022年2月，一个周末的晚上，我开始整理牌例，在记录其中一副牌时，由于牌型中的1筒和4筒是等价的，打掉谁的结果都一样。究竟是打1筒好，还是打4筒好？

请看如下牌型：

筒134456667　万23345

这手牌应该怎么打？

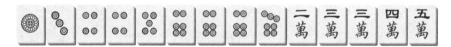

实战教学图1

这是复合型四人抬轿，可选牌张有1、4、7筒。

验算如下：

J（1筒）＝J（245678筒、14万）＝8×4−8＝24

J（4筒）＝J（12578筒、14万）＝7×4−4＝24

J（7筒）＝J（1245筒、14万）＝6×4−3＝21

结论：打1筒和打4筒等价。

实战过程：

打4筒。

之后摸2筒，退7筒；最后1万自摸。

记录到这时，突然有个想法：打1筒或打4筒虽然在宏观上是一样的，但从微观上看，是不是也是一样的？

于是，马上拿出纸笔做了一个计算，发现结果不一样。当时就感觉到这个问题没有想象的那么简单，应该是一个很有研究价值的课题，或许可以填补机会数理论在微观方面的一些空白。由于当时忙于书稿《成都麻将高级打法》的审定，所以这个问题的研究就被搁置在一边了。

三个月后的某一天，一个读者给我传了一副牌，见下图：

万233345568　条45678

这手牌应该怎么打？

实战教学图2

观察可知：

这是复合型四人抬轿，可选牌张有2、5、8万。

验算如下：

J（2万）＝J（4578万、369条）＝7×4−5＝23

J（5万）＝J（12478万、369条）＝8×4−4＝28

J（8万）＝J（123457万、369条）＝9×4−8＝28

结论：打5万和打8万等价。

实战过程：

打8万。

之后，摸9条，打5万，听牌1、2、4、7万。最后7万自摸。

事后，该读者问我，打5万和打8万的机会数相等，但看上去怎么也应该打8万，它们之间究竟有没有差别？

我的回答是肯定有差别。

于是，关于机会数理论的微观研究这个课题再次进入我的研究时间表。经过一段时间的探索和研究，这个课题取得了突破性的进展。

下面，我将机会数理论中的微观判别法给大家做详细的介绍。

二、什么叫微观判别法

由于二阶听牌和三阶听牌主要涉及无听组合，因此必须从理论上找到一种操作高阶听牌的方法，来指导实战中的具体打法。

从机会数理论的定义中可以找到这个问题的答案。机会数理论从单张牌的组合，到无听牌型的两两组合，再到有听牌型的一阶听牌组合。这个研究过程就是一个从微观到宏观的过程。每个阶段的组合都有其对应的机会数理论。反推回去，可以说是从宏观到微观。

如果把一阶听的牌型组合定义为宏观的话，那么把它拆分到二阶听就应该是微观了。从这个意义上讲，无听牌型的两两组合就应该是微观层面的研究。而单张牌的组合就应该是微观里面的微观了。

为了便于后面的学习，先给大家介绍两组无听牌型的基本结论（参看《麻将"机会数"理论与实战》一书）：

1．两张无听牌型的最强组合

27、37、38

2．三张无听牌型怎么打

147、258、369、148、149、158、159、169、259、269

这10个数是关于中间点5对称的，即1－9、2－8、3－7、4－6，分别对应。比如，147和369，本质就是一回事。这些组合的特点是：

258：自身对应，打中间5；

159：自身对应，打两边1、9；

158－259：打哪张都一样；

147－369：3、7不打，打其他都一样。

148－269、149－169：打离中间张最近的。

微观判别法就是将无听牌型两两组合，计算出最弱的那个组合，并从中找到组合能力最弱的那个单张，那个单张就是需要打掉的牌张。

这一点与机会数的计算法，即宏观判别法似乎完全相反。前者打掉机会数最小的牌张，后者打掉机会数最大的牌张。

这其实很好理解：从微观来看，就是要剔除那些组合能力弱的牌张，留下组合能力强的牌张，确保所有的个体都是最棒的。从宏观来看，打掉"机会数最大"的牌张，也是为了使整手牌的组合能力最强。

关于宏观计算法中提出的打掉机会数最大的牌张，很多读者在理解上有一个误区：为什么要打掉机会数最大的那张牌？有好多读者这样问过我。其实宏观计算法计算的是整手牌的机会数大小（这一点与微观计算法完全不同），在对可选牌张逐一筛选的过程中，目的就是要确保整手牌最好，机会数最大，打掉的牌张其实是最差的个体。因此"宏观计算法中打掉机会数最大的"这个说法应理解为：打掉某一张牌之后，这手牌的机会数最大。

从确保整手牌最好这个意义上讲，微观判别法和宏观计算法的本质是一样的，只不过采用的方法和过程不一样而已。

三、微观判别法的应用

微观判别法是机会数理论的重要组成部分，它是从牌型的内部结构来研究牌型，之前的单张牌理论和无听牌型的2~3张牌组合理论就属于这个范畴，它与通常使用的宏观计算法有本质的不同。

宏观计算法是从牌型的表象来观察计算，很直观，一目了然。微观判别法是从牌型的内部结构来分析计算，比较抽象。前者从宏观上计算机会数的最大值，后者从微观上计算机会数的最小值。

前者主要应用在有听牌型，后者主要应用在无听牌型。相信大家在遇到二阶听牌，特别是三阶听牌的时候，往往感到很吃力。主要原因在于，理论研究没有真正突破，宏观计算在此处很繁琐。

微观判别法的计算方法：

这个方法就是将研究对象两两组合，分别计算出它们组合数的大小，并从最弱项中找到组合能力最差的牌张。请看：

147：

J（14）＝6×4－2＝22

J（17）＝8×4－2＝30

J（47）＝8×4－2＝30

结论：对147这个牌型来说，7这个数组合能力最强，1或4较差，打掉谁都一样。

369和147关于中间点5完全对称，前者不打3，打其他都一样。

258：

J（25）＝7×4－2＝26

J（28）＝8×4－2＝30

J（58）＝7×4－2＝26

结论：打5。

虽然5是中张，单兵作战能力很强，但由于它所处的位置在中间，和任何数的结合都有重叠数，最大组合数不超过7，资源浪费太大，效率不高，空间延伸性和辐射性都受到很大限制。

158：

J（15）＝7×4－2＝26

J（18）＝7×4－2＝26

J（58）＝7×4－2＝26

结论：打哪张都一样。

259和158关于中间点5完全对称，打哪张完全一样。

注释：关于以5为对称点的解释。

在数轴1~9上面，如果把5这个位置看做是原点，那么4和6就是关于这个点左右对称的，其所有的特性都是一样的。同理，3和7，2和8，1和9都是关于5这个点左右对称的，其性质完全一样。也就是说，关于1234万的所有特性和打法完全可以原封不动地照搬到9876万上面去。

……

通过上面的分析可以得到下面的结果：

在1~9这几个数字中，组合能力最强的数有4个：2、3、7、8。组合能力不强的数有5个：1、4、5、6、9。

1和9最靠边，和任何数的无听组合，其延伸性都不超过7。而4、5、6这三个数，虽然是中张，自身机会数大，但所处位置在中间，和任何数的无听组合都有重叠，延伸性不超过8，组合效率不高，资源浪费大。2、3、7、8这几个数的位置不边不中，和任何数的无听组合都有很好的延伸性，可以达到9，组合效率最高。

下面就用微观判别法来解读实战牌例。

实战案例1

筒134456667　万23345

这是实战案例，应该怎么打？

实战图1

观察可知：

这是复合型四人抬轿，可选牌张有1、4、7筒。

1．宏观计算法

J（1筒）＝J（245678筒、14万）＝8×4-8=24

J（4筒）＝J（12578筒、14万）＝7×4-4=24

J（7筒）＝J（1245筒、14万）＝6×4-3=21

结论：打1筒和打4筒等价。

2．微观判别法

由于要比较1、4筒，故将牌型分解为：

筒345666　147　万23345

J（14筒）＝6×4-8=16

J（17筒）＝8×4-7=25

J（47筒）＝8×4-8=24

从微观上看，1、7筒组合的机会数为25，4、7筒组合的机会数为24，虽然相差很小，但计算表明，打4筒比打1筒要好一点。

结论：打4筒。

注释：理论计算结果打4筒比打1筒稍好一点。如果是实战，那么考虑到缩水因素和对子易碰的特点，可以考虑打1筒。

实战案例2

万233345568　条45678

这是实战案例，应该怎么打？

实战图2

观察可知：

这是复合型四人抬轿，可选牌张有2、5、8万。

1．宏观计算法

J（2万）＝J（4578万、369条）＝7×4－5＝23

J（5万）＝J（12478万、369条）＝8×4－4＝28

J（8万）＝J（123457万、369条）＝9×4－8＝28

结论：打5万和打8万等价。

2．微观判别法

因为要比较2万和5万，故将牌型分解为：

万333456　258　条45678

只有这种分解才是最科学的。

J（25万）＝7×4－8＝20

J（28万）＝8×4－7＝25

J（58万）＝7×4－8＝20

计算表明：

28万组合的机会数最大，打5万更好。因5万和28万组合，重叠数都很多，效率不高，延伸性不强；而28万组合，没有重叠数，组合效率更高。且尾盘打2万或8万，容易给别人提供碰牌机会。

结论：打5万更好。

注释：理论计算结果打5万比打8万稍好一点。如果是实战，那么考虑到缩水因素和对子易碰的特点，可以考虑打8万。

通过上面的分析可知：宏观上看似没有差别的打法，从微观上看是有差别的。反过来说，微观上计算出来的结果有差异，从宏观上看或许是相同的，这就需要从宏观上进行验证。

其实这种现象在生活中、在自然界中随处可见。一块木板和一块铁板，从宏观上看都是平整光滑的，但如果从微观上看差别肯定很大即便是两块相同的铁板，从微观上看肯定也是差别很大。

小结：

从研究对象来说，微观判别法和宏观判别法侧重点不同。前者侧重单张和两张的微观研究，后者侧重整手牌的宏观研究。

　　从方法论来说，微观和宏观的选择也有所不同。前者主要采用无听牌型的计算方法，后者主要采用有听牌型的计算方法。

　　从实用性来说，两者也各有侧重。前者主要应用于二阶以上的无听牌型，后者主要应用于有听牌型和复合型牌型。

　　因此，不能简单地判定那种方法好，哪种方法不好。因为微观判别法对数字很敏感，用不同的方法计算出来的结果可能会有差异，这种差异从微观来说，可能差别较大；但从宏观来说，可能差别不大，甚至是等价的。因此，对微观计算锁定的牌张最好进行宏观验证。其实，有的牌型适合用微观判别法，有的牌型适合用宏观判别法，可用两种方法互相验证。

第二节　二阶听牌的微观判别法

　　通常情况下，二阶听牌的7张无听牌型必然会有两对有听牌型：要么是两个对子，要么是两个顺子，要么是一对一顺。剩下的四个单张分布在两门花色里，可能是2：2分布，可能是1：3分布。对四个单张的处理，可用上一节介绍的微观判别法来进行操作。

　　本节将用案例的方式来介绍微观判别法。

　　二阶听牌操作目标：把牌型一次性打成狭义7张无听牌型或四人抬轿。

　　请看下面的教学案例：

【教学案例1】

筒1257889　万1112369

这手牌应该怎么打？

教学图1

牌型可分解为：

筒12 58 789　万111 23 69

筒12 58 789　万11 123 69

这是二阶听牌的7张无听牌型。

1．组合判别法

12筒和23万是各自独立的有听牌型单元，原则上不动。

J（58筒）＝7×4－5=23

J（69万）＝6×4－2=22

计算表明，69万组合的机会数最小，其中9万组合能力最弱。

结论：打9万。

2．宏观验证

宏观验证的第一目标就是把牌型打成有听牌型或狭义四人抬轿。

J（8筒）＝J（34567筒、1456789万）＝12×4－7=41

J（9万）＝J（3456789筒、145678万）＝13×4－9=43

结论：打9万。

【教学案例2】

筒1223699　万1147789

这手牌应该怎么打？

教学图2

牌型可分解为：

筒123 26 99　万11 47 789

1．组合判别法

99筒和11万是各自独立的单元，原则上不动。

J（26筒）＝8×4－5=27

J（47万）=8×4-5=27

计算表明，两者组合的机会数相同，但2筒和7万明显最弱。

结论：打2筒或7万。

2．宏观验证

J（2筒）=J（456789筒、1~9万）=15×4-10=50

J（7万）=J（1~9筒、123456万）=15×4-10=50

结论：打2筒和打7万是等价的。

此例与上一节引入的读者实战案例有相同之处，虽然从宏观上看，打2筒与打7万等价，但从微观上看，打7万应该更好。

可以这样来理解2筒和7万等价：26筒组合虽然只有一个重叠数，但2筒向下的延伸性比7万弱；7万和4万组合虽然有两个重叠数，但7万是中张，向上的延伸性比2筒好。所以，结果差不多。

【教学案例3】

筒1233669　万1147889

这手牌应该怎么打？

教学图3

牌型可分解为：

筒123　66　39　万11　48　789

1．组合判别法

66筒和11万是各自独立的单元，原则上不动。

J（39筒）=8×4-5=27

J（48万）=8×4-5=27

计算表明，3、9筒和4、8万两者组合的机会数相同，但9筒和8万明显最弱，且8万的组合已有4张牌被占用。

结论：打8万。

2．宏观验证

J（9筒）＝J（1~6筒、1~9万）＝15×4−13=47

J（8万）＝J（1~9筒、1~6万）＝15×4−10=50

结论：打8万。

对成都麻将来说，操作二阶、三阶听牌还要考虑另外一个因素，这个因素就是有几个牌手做这门花色，牌手越多资源就越紧张，牌手越少资源就越丰富。以两家做和三家做为例，做个粗略的估算。

两家做：36/2=18，平均每个牌手拥有18张牌。

三家做：36/3=12，平均每个牌手拥有12张牌。

差值为6，考虑到四家分享，但可以碰牌的实际情况，差值就姑且定在6左右。也就是说，当计算结果的机会数不超过8（两个档次）的时候，应该选择两家做的这个优势；如果两家做的这门花色对子较多，而且采用缩水理论，那就更应该选择两家做同一门花色的这个优势。

【教学案例4】

筒12237889　万112259

桌面情况：三家筒子，两家万子。

这手牌应该怎么打？

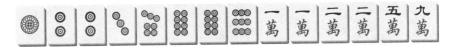

教学图4

牌型可分解为：

筒123　28　789　万1122　59

1．组合判别法

J（28筒）＝8×4−8=24

J（59万）＝7×4－2＝26

计算表明，28筒的组合弱于59万。

结论：打2筒或8筒。

2．宏观验证

J（2筒）＝J（6789筒、1~9万）＝13×4－10＝42

J（8筒）＝J（1234筒、1~9万）＝13×4－10＝42

J（5万）＝J（12346789筒、123789万）＝14×4－13＝43

J（9万）＝J（12346789筒、1~7万）＝15×4－13＝47

结论：打9万。

但万子是两家做，筒子是三家做，且9万和28筒的机会数差值为5，没有超过两个数量级；万子有1和2两个对子，活跃度都较高，容易碰牌，且9万打出去的危险性较大。

建议：打2筒或8筒。

【教学案例5】

筒1112589　万1233699

桌面情况：两家筒子，三家万子。

这手牌应该怎么打？

教学图5

牌型可分解为：

筒111　25　89　万123　36　99

1．组合判别法

J（25筒）＝7×4－5＝23

J（36万）＝8×4－5＝27

计算表明，25筒组合最弱；一看便知，2筒最弱。

结论：打2筒。

2．宏观验证

筒1112589　万1233699

J（2筒）＝J（34567筒、1~9万）＝14×4－8＝48

J（5筒）＝J（12347筒、1~9万）＝14×4－11＝45

J（3万）＝J（1234567筒、456789万）＝13×4－8＝44

J（6万）＝J（1234567筒、123459万）＝13×4－11＝41

结论：打2筒。

综合上述计算结果，并考虑到两家筒三家万，建议打3万。

下面，我为大家介绍一个操作二阶7张无听牌型的附加研究成果。

二阶7张无听牌型有两个对子的操作原理

当二阶牌型中的两个对子不是孤对，且其中一个或两个有挨张，或有靠张时，拆掉其中一个有挨张或有靠张的对子，其机会数最大。

筒2237　万2237

这是二阶听牌的最优组合。

怎么打，其机会数才最大？

计算如下：

J（2筒）＝J（1456789筒、1~9万）＝16×4－5＝59

J（3筒）＝J（256789筒、1~9万）＝15×4－7＝53

J（7筒）＝J（12345筒、1~9万）＝14×4－7＝49

计算表明，只有拆掉2筒或2万，其机会数才最大。

下面，用案例来介绍这个成果的具体应用。

【教学案例6】

筒2247789　万1147889

这是有靠张对的二阶听牌，应该怎么打？

教学图6

牌型可分解为：

筒2247 789　万1148 789

224筒是个靠张对，根据前面的结论，拆掉2筒，其机会数最大。

验证如下：

J（2筒）＝J（356789筒、1～9万）＝15×4−11＝49

J（4筒）＝J（256789筒、1～9万）＝15×4−13＝47

J（8万）＝J（23456789筒、123456万）＝14×4−10＝46

结论：打2筒，机会数最大。

【教学案例7】

筒1225558　万1336778

这是有靠张对的二阶听牌，应该怎么打？

教学图7

牌型可分解为：

筒1228 555　万1337 678

122筒和133万分别是两个靠张对，根据前面的结论，拆掉2筒或3万，其机会数最大。

验证如下：

J（1筒）＝J（26789筒、1～9万）＝14×4−10＝46

J（2筒）＝J（36789筒、1～9万）＝14×4−8＝48

J（8筒）＝J（1234筒、1～9万）＝13×4−11＝41

J（1万）＝J（12346789筒、356789万）＝14×4−10=46

J（3万）＝J（12346789筒、256789万）＝14×4−8=48

J（7万）＝J（12346789筒、12345万）＝13×4−7=45

结论：打2筒或3万，机会数最大。

【教学案例8】

筒1223667　万1233778

这是有挨张对的二阶听牌，应该怎么打？

教学图8

牌型可分解为：

筒123 2667　万123 3778

667筒和778万分别是两个挨张对，根据前面的结论，拆掉其中一个挨张对，其机会数最大。本题一看便知拆掉7万的机会数最大。

验证如下：

J（2筒）＝J（456789筒、1~9万）＝15×4−10=50

J（6筒）＝J（123458筒、1~9万）＝15×4−11=49

J（7万）＝J（1~9筒、1234569万）＝16×4−13=51

J（8万）＝J（1~9筒、123457万）＝15×4−13=47

结论：打7万。

实战案例1

2023年五一期间，我应邀参加一个朋友的生日宴会。之后在酒楼的棋牌室打牌娱乐。下面这手牌是开局阶段，刚刚打完条子后形成。

筒1113669　万1588899

桌面情况：三家筒，三家万，两家条。

现在应该怎么打?

实战图1

牌型可分解为：

筒111 66 39 万15 99 888

这是有两个对子的二阶7张无听牌型，用微观判别法可以快速找出最弱的那个组合元素。

J（39筒）=8×4−5=27

J（15万）=7×4−2=26

1万明显最弱。

验证如下：

J（9筒）=J（123456筒、12345679万）=14×4−10=46

J（1万）=J（1~9筒、345679万）=15×4−10=50

实战过程：

打1万。

牌型变为：

实战图1-1

实战过程：

摸7筒，退3筒。

牌型变为：

实战图1-2

实战过程：

接下来，碰9万，退5万。

牌型变为：

实战图1-3

现已听牌：胡8筒。

或许因为5万的打出，起到了一定的诱出效果，8万紧跟着就出现了。杠牌后摸6筒，退9筒。

牌型变为：

实战图1-4

最后结果：

居然7筒自摸，对子胡带根赢三家。

盘后点评：

本局大获全胜，得益于正确的分析，虽然后面的进张有很大的运气成分，但能够尽快胡牌，完全是机会数理论的正确指导。

实战案例2

2024年元旦期间，亲友聚会，很是热闹开心，打牌娱乐。下面这手牌是开局阶段形成的，看似很平常的一手牌，没想到尾盘阶段还打出了高潮。

筒12258999　万155589

桌面情况：三家筒，三家万，两家条。

现在应该怎么打？

实战图2

牌型可分解为：

筒122 58 999　万189 555

观察可知：

1万肯定不能打，否则丢失123万的机会数，只能在158筒中间做选择。其实一眼就可以看出，由于1筒有挨张对22筒，打掉1筒会给5筒和8筒增添2、2筒的机会数，所以应打1筒。

宏观验证：

J（1筒）＝J（23456789筒、1237万）＝12×4－8＝40

J（8筒）＝J（1234567筒、1237万）＝11×4－5＝39

实战过程：

打1筒。

牌型变为：

实战图2-1

就在这时，做条子的两家，先后一个暗杠和一个直杠，气氛一下紧张起来。他们大概率会做清一色，所以必须尽快听牌。

实战过程：

之后，摸2万，退8筒。

牌型变为：

实战图2-2

现在离听牌还差一步。

接下来，摸3万，退5筒。

此时已进入尾盘阶段。

牌型变为：

实战图2-3

现已听牌：胡7万。

接下来，9筒现身，直杠后摸9万，退8万。

牌型变为：

实战图2-4

重新听牌：胡2筒、9万。

由于是尾盘阶段，8万的诱出效果比较好，下一圈，5万现身，直杠后摸2万打掉。

牌型变为：

实战图2-5

依然听牌：胡2筒、9万。

此时离牌局结束还剩最后一圈。

最后结果：

胡了对家的2筒，双根胡牌。

盘后点评：

此战能够快速听牌，且有这么大的收获，最关键的因素是一开始打1筒，判断准确。如果不小心打错了，这手牌就完全可能是另一局面。

实战案例3

2024年3月的一个周末，朋友与我相约，郊外踏青。两小时的步行，甚感疲惫，中午在半山腰的一个农家小院吃饭。有人提议饭后打牌，众人皆兴奋。我和小潘搭档，下面这手牌在中局阶段形成：

筒2336888　万1223699

桌面情况：四家都做筒子和万子。

现在应该怎么打？

实战图3

牌型可分解为：

筒2336 888　万26 99 123

观察可知：

这是有两个对子的二阶7张无听牌型，233筒是挨张对，99万是孤对，用"二阶7张无听牌型有两个对子的操作原理"，可以马上确定打3筒的机会数最大。

验证如下：

J（2筒）=J（345678筒、1~9万）=15×4-13=47

J（3筒）=J（145678筒、1~9万）=15×4-11=49

J（2万）=J（1~8筒、456789万）=14×4-10=46

验证结果：打3筒。

实战过程：

打3筒！

牌型变为：

实战图3-1

实战过程：

接下来摸4万，退6筒，形成7张无听牌型。

牌型变为：

实战图3-2

实战过程：

之后，摸3万，退6万。

牌型变为：

实战图3-3

现已听牌：胡1、4筒。

最后结果：

小潘4筒自摸，关住三家。

事后小潘说，对二阶听牌的打法，完全不会。

盘后点评：

此牌完胜，应归功于一开始打3筒，判断准确，如果不小心打6万，那就彻底打偏了，其结果很难预料。

第三节 三阶听牌的微观判别法

三阶听牌该如何操作，这是长期困扰麻将爱好者，且多年都没有解决的一个难题。解决这个问题的理论基础是什么，它的底层逻辑什么？本节将为大家介绍这个问题的解决方法，这也是本人现阶段最新的研究成果。

三阶听牌操作目标：把牌型一次性打成二阶听牌或广义四人抬轿。

这个操作方法就叫：挨张判别法。

当被研究的元素旁边增添了一个挨张对之后，在大多数情况下，打掉对子的挨张，即打掉这个元素本身都是正确的。

对少数不成立的牌型才使用计算。

【教学案例1】

下面这手牌是本人的一个实战案例：

筒11259　万122358999

这手牌应该怎么打？

教学图1

牌型可分解为：

筒112 59　万258 123 999

这是三阶听牌的一般牌型：

1个挨张对＋同花色的2个单张＋另一花色的3个单张。

对无听牌型59、258的计算我们已在前面有过讨论。

现在的问题是：

第一，对子的挨张2筒需要纳入59筒的计算之中吗？

第二，对子11筒的加入会对计算结果带来怎样的影响？

分析如下：

第一，2筒需要纳入无听牌型的计算吗？

112筒是有听牌型，2筒如果纳入59筒的计算中，就意味着可以打掉2筒。这与"优先原则"是不是矛盾？其实一点不矛盾，大家最有疑问的就是，打掉2筒，那就损失了进3筒成为四人抬轿的机会。

这个说法好像有道理，其实不然，误区就在四人抬轿。

要知道现在是三阶听牌，即便进了3筒，成为四人抬轿，也是广义的四人抬轿，还需要进张两次才能听牌。因此从这个意义上讲，把牌型打成二阶听牌和打成广义四人抬轿是等价的。

也就是说把2筒纳入59筒的计算是完全应该的。其实从四人抬轿的很多案例中都可以看到这种打法。比如：

筒2337　万5

这是有对子的四人抬轿牌型，虽然7筒和5万是无听牌型，2筒是有听牌型，但根据模型打法，肯定应该打2筒。

综合上面的讨论，可以得出结论：

挨张2筒应该纳入无听牌型59筒的计算之中。

第二，对子11筒对计算有何影响？

对子的加入肯定会给计算结果带来影响，位置不同，影响的结果肯定不同，下面，我们来详细地讨论这个问题。

首先把三张牌的10个无听组合罗列如下：

147、148、149、158、159、169、258、259、269、369

下面分三种情况来讨论加上挨张对以后的影响。

第一种情况：给第一个元素＋1个挨张对。

147、148、149万：如果给第一个元素1＋22万，就变成了12247、12248、12249，成为二阶听牌，此处无意义。

158万：原本打哪张都一样，＋22万变为12258，对1万的延伸没有任何帮助；相反打掉1万，反而给5万和8万增添了22万的机会数。结论：打掉

1万，即打掉对子的挨张。

159万：原本打1万或9万，＋22万变为12259万。结论：打掉1万，即打掉对子的挨张。

169万：原本打9万，＋22万变为12269万。结论：打1万或9万，即打对子的挨张。

258万：原本打5万，＋11万变为11258万。结论：打2万或5万，即打掉对子的挨张。

259万：原本打哪张都一样，＋11万变为11259万。结论：打2万，即打掉对子的挨张。

269万：原本打9万，＋11万或33万变为11269万，23369万。结论：打2万或9万，即打掉对子的挨张。

369万：原本打6万或9万，＋11万或22万变为11369万，22369万。结论：依旧打6万或9万，但6、9万的机会数都增加了1个。

讨论结果：

在第一个元素旁边加挨张对后：有3个牌型变为二阶听牌，1个牌型依旧按原来的结论打，6个牌型变为打对子的挨张，即元素本身。

第二种情况：给第二个元素＋1个挨张对。

147万：在4的旁边加挨张对，变为二阶听牌，无意义。

148、149万：原本打1万，＋55万变为14558万，14559万。结论：打1万或4万，即打掉对子的挨张。

158万：原本打哪张都一样，＋44万变为14458万。结论：打5万，即打掉对子的挨张。

159万：原本打1万或9万，＋44万或66万变为14459万，15669万。结论：打1、5、9万都一样，即打掉对子的挨张。

169万：原本打9万，＋44万或55万变为14469万，15569万。结论：依旧打9万，但1、9万的机会数都增加了1个。

258万：在5的旁边加挨张对，变为二阶听牌，无意义。

259万：原本打哪张都一样，＋66万变为15669万。结论：打5万，即打掉对子的挨张。

269万：原本打9万，＋55万变为25569万。结论：依旧打9万，但2、9万的机会数都增加了1个。

369万：在6的旁边加挨张对，牌型变为二阶听牌。

讨论结果：

在第二个元素旁边加挨张对后：有3个牌型变为二阶听牌，2个牌型依旧按原来的结论打，4个牌型变为打对子的挨张，即元素本身。

第三种情况：给第三个元素＋1个挨张对。

由于第三种情况与第一种情况是对称关系，只需将19、28、37、46这些数字对换而已，其结论与第一种情况应该相同。

综合上面的计算（略）和讨论，得到如下结论：

元素加上挨张对之后，不能提升自己的组合能力，只会帮助其他它元素提高组合能力。

具体操作是：当某个元素的旁边增添了一个挨张对之后，在大多数情况下，打掉对子的挨张，即打掉这个元素本身是正确的。

这个操作方法就叫"挨张判别法"。

其实在四人抬轿中，打掉有听牌型对子的挨张，保留两个单张是常见的事情。如筒1126、万6，就应该打掉2筒。这种打法看似损失了3筒成为四人抬轿的机会，却换来了更多进张成为四人抬轿的听牌机会。

弄清楚了上面的两个问题，后面的操作也就有了方向。具体来说，对三阶听牌可用的操作方法有：微观判别法，挨张判别法，宏观计算法。

这些方法同样适合二阶听牌。

【教学案例2】

筒11259　万122357889

这手牌应该怎么打？

教学图2

牌型可分解为：

筒11259　万123　258　789

1．挨张判别法

筒子2、5、9原本打哪张都一样，现在2筒旁边增添了11筒，用挨张判别法分析的结论：打2筒。

2．微观判别法

J（25万）＝7×4－6＝22

J（28万）＝8×4－8＝24

J（58万）＝7×4－6＝22

结论：打5万。

3．宏观验证

筒11259　万122357889

宏观验证的第一目标是把牌型打成二阶听牌型或广义四人抬轿。

J（2筒）＝J（13456789筒、1~9万）＝17×4－13＝55

J（5筒）＝J（1234789筒、1~9万）＝16×4－13＝51

J（9筒）＝J（1~7筒、1~9万）＝16×4－13＝51

J（2万）＝J（1~9筒、3~9万）＝16×4－11＝53

J（5万）＝J（1~9筒、12346789万）＝17×4－13＝55

J（8万）＝J（1~9筒、1~7万）＝16×4－11＝53

结论：打2筒或5万。

【教学案例3】

筒14445889　万123369

这手牌应该怎么打？

教学图3

牌型可分解为：

筒444 15 889　万123 369

1．挨张判别法

筒子1、5、9原本打1筒或9筒，现在9筒旁边增添88筒，用挨张判别法分析的结论打9筒。

2．微观判别法

J（36万）=8×4－5=27

J（39万）=8×4－5=27

J（69万）=6×4－2=22

结论：打6万或打9万。

3．宏观验证

筒14445889　万123369

可选牌张有9筒，3、6、9万。

J（9筒）=J（1~8筒、1~9万）=17×4－13=55

J（3万）=J（1~9筒、4~9万）=15×4－10=50

J（6万）=J（1~9筒、12345789万）=17×4－13=55

J（9万）=J（1~9筒、1~8万）=17×4－13=55

结论：打9筒或6、9万等价。

【教学案例4】

筒14457889　万122359

这手牌应该怎么打？

教学图4

牌型可分解为：

筒18 445 789　万123 259

1．挨张判别法

筒子1、5、8原本打哪一张都一样，现在5筒旁边增添44筒，用挨张判别法分析的结论：打5筒。

2．微观判别法

J（15筒）＝7×4－5＝23

J（58筒）＝7×4－5＝23

J（18筒）＝7×4－3＝25

结论：打5筒。

3．宏观验证

筒14457889　万122359

J（1筒）＝J（2~9筒、1~9万）＝17×4－13＝55

J（5筒）＝J（12346789筒、1~9万）＝17×4－13＝55

J（8筒）＝J（1~7筒、1~9万）＝16×4－11＝53

J（2万）＝J（1~9筒、3~9万）＝16×4－11＝53

J（5万）＝J（1~9筒、1234789万）＝16×4－13＝51

J（9万）＝J（1~9筒、1234567万）＝16×4－13＝51

结论：打5筒或1筒。

【教学案例5】

筒12235889　万122258

桌面情况：两家做筒子，三家做万子。

这手牌应该怎么打？

教学图5

牌型可分解为：

筒123 25 889　万222 158

1．挨张判别法

筒子2、5、9原本打哪一张都一样，现在9筒旁边增添88筒，用挨张判别法分析的结论：打9筒。

2．微观判别法

J（25筒）＝7×4－5＝23

J（59筒）＝7×4－5＝23

J（29筒）＝7×4－7＝21

结论：打9筒。

3．宏观验证

筒12235889　万122258

J（9筒）＝J（1~8筒、1~9万）＝17×4－13＝55

J（1万）＝J（1~9筒、3~9万）＝16×4－10＝54

J（5万）＝J（1~9筒、1236789万）＝16×4－13＝51

J（8万）＝J（1~9筒、1~7万）＝16×4－13＝51

结论：打9筒。

综合上述计算结果，并考虑到两家筒三家万，建议打1万。

【教学案例6】

筒122369　万14557889

桌面情况：三家做筒子，两家做万子。

这手牌应该怎么打？

教学图6

牌型可分解为：

筒123 269　万18 455 789

1．挨张判别法

万子1、4、8原本应该打1万，现在4万旁边增添了55万，用挨张判别法分析的结论：打1万或4万。

2．微观判别法

观察可知，9筒、1万和4万都很弱。

J（26筒）=8×4-5=27

J（29筒）=7×4-5=23

J（69筒）=6×4-2=22

J（14万）=6×4-4=20

J（18万）=7×4-5=23

J（48万）=8×4-7=25

结论：打1万或4万。

3．宏观验证

筒122369　万14557889

J（6筒）=J（1234789筒、1~9万）=16×4-13=51

J（9筒）=J（12345678筒、1~9万）=17×4-13=55

J（1万）=J（1~9筒、2345678万）=17×4-13=55

J（4万）=J（1~9筒、12356789万）=17×4-13=55

结论：打9筒或1、4万等价。

综合上述计算结果，并考虑到三家要筒子，两家要万子，建议打9筒。

实战案例1

2023年10月的一个周末，我应邀参加一个朋友的饭局。去了才知道原来是朋友想切磋牌技，才有了这次邀请。饭后在酒店的棋牌室开打，那天观战者甚多。下面这手牌刚打完条子摸进4筒：

筒14445899　万157889

桌面情况：三家筒和万，两家条。

两家做条子的朋友开牌后，就各有一副条子的暗杠，做清一色的可能性很大，必须尽快听牌。

刚刚摸进9筒，应该怎么打？

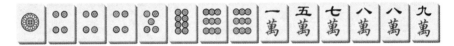

实战图1

牌型可分解为：

筒444　15　899　万158　789

无听牌型158原本打哪张都一样，现在8筒旁边多了一对9筒，用挨张判别法分析得出结论：打8筒（建议读者阅读到此的时候，最好用几种方法去验证一下）。

注意：1筒和1万看似两个孤零零的单张，打掉无妨。其实不然，这两张牌无论打掉谁，都会损失123的进张。打8筒是唯一的选择。

实战过程：

打8筒！

那一刻，有观战者说："打8筒呀？"

"可能没有对哟。"

"肯定是打错了。"

……

显然，观战者对这种牌型不认识。

牌型变为：

实战图1-1

实战过程：

之后，摸3万，退8万。

牌型变为：

实战图1-2

现已成为二阶7张无听牌型。

之后，摸9筒，退1筒；进入尾盘阶段。

牌型变为：

实战图1-3

现已成为复合型四人抬轿。

或许1筒起到了诱出效果，4筒跟着出现。

直杠后，摸6万，退5筒。

牌型变为：

实战图1-4

实战过程：

或许是运气太好，下一圈，摸9筒暗杠。

暗杠后，摸4万，退1万。

牌型变为：

实战图1-5

现已听牌：胡3、6、9万。

有观战者说："手气真好。"

主人说："不是手气好，教授的思路，你们看不懂。"

最后结果：

自摸3万，带双根，关三家。

事后，有观战者问我，当初为何不打1筒或1万？

我说："这是三阶听牌，计算结果就应该打8筒。"

主人："听听看，教授是机器人脑壳，三阶听牌都可以计算。"

盘后点评：

此战大获全胜完全得益于机会数理论的指导，如果一开始打掉的不是8筒，那结果可能大相径庭。

实战案例2

2024年3月的一个周末，友人来访，叙事完毕，大家相约酒楼。饭后大家打牌娱乐，小玩一会。那天气氛热烈，观战者较多。

下面这手牌，中局阶段形成，外面有一副条子暗杠。

筒122359 万12235669

桌面情况：三家做筒子和万子，两家做条子。

刚刚摸进3万，该怎么打？

实战图2

牌型可分解为：

筒123 259　万123 25669

观察可知：无听牌型259，原本打哪一张都一样，现在5万旁边靠了一对6万，根据挨张判别法，可以马上确定打5万。因为，打5万可以给29万的组合增添一对6万的机会数。

建议大家用多种方法相互验证一下。

实战过程：

打5万。

那一刻，观战者一片哗然。

"打5万呀？"

"朱教授，是不是抽错牌了？"

……

牌型变为：

实战图2-1

实战过程：

摸7筒，退2万。

牌型变为：

实战图2-2

接下来：

摸4筒，退9万。

牌型变为：

实战图2-3

实战过程：

摸8万，退1筒。

牌型变为：

实战图2-4

此时，已进入尾盘阶段。

下一手，摸7万，退6万。

牌型变为：

实战图2-5

现已听牌，胡8筒。

实战过程：

摸2筒，退9筒。

牌型变为：

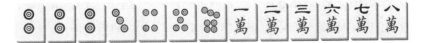

实战图2-6

重新听牌：胡6、7筒。

突然间，对家暗杠9条，气氛陡然紧张起来。

对家一边杠牌一边说："莫不是个杠上花哈？"

哪知道，杠起来的是6筒，放了我的杠上炮。

一时间，众人皆笑。

事后，有观战者问我，当初为何不打9筒、9万，偏偏打5万？

我说："这是三阶听牌，只能这么打。"

盘后点评：

此战有惊无险，得益于当初的准确判断，打5万。如果当初不小心打掉9筒或9万，那最后的失败者很可能是自己。

实战案例3

2024年4月的一个周末，几个好友聚会，饭局后大家来到棋牌室打牌娱乐。我和游老师搭档。下面这手牌在中局阶段形成：

筒256669　万12224778

桌面情况：四家都做筒子和万子。

刚刚摸进2万，该怎么打？

实战图3

牌型可分解为：

筒666 259　万14778 222

无听牌型148万，原本打1万，现在8万旁边靠了一对7万，如果打掉8万，可以给1万和4万增添一个77万的机会数，但由于14万的组合太弱，即便如此，依旧改变不了现状（建议读者阅读到此时，自行验证）。

筒子原则上不能动，否则丢张较多。

实战过程：

打1万。

牌型变为：

实战图3-1

实战过程：

摸8筒，退2筒

牌型变为：

实战图3-2

实战过程：

之后，摸4筒，退4万。

牌型变为：

实战图3-3

此时已进入尾盘阶段。

接下来，桌面上出现2万，杠牌后摸进6万，退7万。

牌型变为：

实战图3-4

现已听牌，胡7筒。

就在此时，下家突然暗杠9万，气氛一下紧张起来。

之后，摸3筒，退9筒。

牌型变为：

实战图3-5

重新听牌：胡7、8筒。

此时还剩最后一圈就结束。

最后结果：

自摸7筒，关三家，此时牌墙上还剩2张牌。

紧接着，下家1筒自摸。

盘后点评：

此战全胜，得益于一开始打1万，如果不小心打掉了9筒，或许结局将会有天壤之别。

第二章 开局打法

俗话说：一年之计在于春。春天作为一年的第一季，预示万物生长，朝气蓬勃；好的开端预示将有一个好的结果。

麻将的开局也像春天一样，开局开得好，预示这手牌会有一个好的结果。反之，如果开局就打错，怎么能够指望这手牌有一个好的结果呢？

开局的定义：当手上有一副成牌（7对除外）的时候就是开局的开始。

如何开好局，让你赢在起跑线上是本章重点探讨的内容。

第一节 10张无听牌型的基本概念

为了讲述方便，以下内容以两门花色为例。

"10张无听牌型"的定义：手中的牌中除去一副成牌，剩下的10张牌就称为"10张无听牌型"。

剩下的这10张该怎么打？打出的首张即为开局的第一张。可能有的人会认为，还剩10张牌，离听牌还很早，打出的第一张没那么重要吧，而且第一张牌的对与错有没有什么标准来衡量呢？

答案是有的。

当你看完后面的内容自然就会明白第一张牌的重要性。打对了，你就早一步听牌；打错了，你就晚一步，甚至晚几步听牌。

10张无听牌型的基本牌型有：无对子型，1个对子到4个对子型。

注意，4个对子的牌型理论上讲也是10张无听牌型，因为4个对子进张一次可能成为5个对子，相当于狭义7张无听牌型；再进张一次就可能成为6

个对子听牌。因此，4个对子的牌型可作为10张无听牌型的特殊牌型。

分别探讨如下：

无对子型：

10张无听牌型：无对子型

1个对子型：

10张无听牌型：1个对子型

2个对子型：

10张无听牌型：2个对子型

3个对子型：

10张无听牌型：3个对子型

4个对子型：

10张无听牌型：4个对子型

以上都是二次以上进张的10张无听牌型。

这种牌型在向前推进过程中有两条路径：

一条路径是走狭义7张无听牌型；

一条路径是走广义7张无听牌型。

前者进张一次可听牌，后者最少进张两次才能听牌。无对子的10张无听牌型属于后者，最少需要两次进张才能听牌。

下面，给大家分别介绍这两条路径的打法。

第二节　10张无听牌型推向狭义7张无听牌型

何为狭义7张无听牌型？

狭义7张无听牌型是指进张一次即可听牌的牌型。

当条件允许时，要尽可能地把牌型打成狭义的7张无听牌型，因为这是最优化的路线；如果条件允许，进张一次却不能成为狭义7张无听牌型，那么在打法上就肯定有问题，把一个原本可以二阶听牌的牌型打成了三阶或三阶以上听牌的牌型，那就走了弯路。

这个过程的把握很重要，时机是关键。

当你手中有一副成牌的时候，你就要开始培育这手牌，使其朝狭义7张无听牌型去发展。过早培育意义不大，因为牌型太差，存在多张或废张，不要的牌张还未处理掉。过晚培育可能会错过机会，过晚的意思是指，虽然手中的牌只有一副成牌，但错过了最佳打牌时机；或者手中的牌已经有了两副成牌才去关注和培育，这个时候已经晚了，失去了意义。

最佳时机是刚好有一副成牌，且把不要的牌张打完的时候。

一、10张无听牌型的操作原理

下面我将用若干牌例来介绍10张无听牌型的具体打法。这个打法的核心是：在有条件的情况下，必须进张一次就把牌型打成狭义7张无听牌型。如果不能成为狭义7张无听牌型，那就说明打法有问题，需要重新考虑。

【教学案例1】

筒1124589　万1223468

这手牌应该怎么打？

教学图1：有一个对子

这是只有一个对子的10张无听牌型，牌形可分解为：

筒112 45 89　万234 1268

筒112 45 89　万123 2468

要想机会数最大且进张一次就成为7张无听牌型，只有打掉对子的挨张2筒。

J（2筒）＝J（367筒、357万）＝6×4－1＝23

结论：在只有一个对子的情况下，必须打掉对子的挨张，把对子孤立出来，才能保障在打成狭义7张无听牌型的过程中，其机会数最大。

【教学案例2】

筒23355589　万122579

这手牌应该怎么打？

教学图2：有两个对子

解答：

这是有两个对子的10张无听牌型，牌形可分解为：

筒233 555 89　万122 579

可以选择的牌张有：3筒，1、2、5、9万。

J（3筒）＝J（147筒、2368万）＝7×4－2＝26

J（1万）＝J（1347筒、268万）＝7×4－4＝24

J（2万）＝J（1347筒、368万）＝7×4－2＝26

J（5万）＝J（1347筒、238万）＝7×4－4＝24

J（9万）＝J（1347筒、236万）＝7×4－4＝24

机会数大小的排名依次为：3筒和2万，1万、5万和9万。

观察可知：

打3筒，进2、3万不能形成狭义7张无听牌型；

打2万，进1、3、4筒不能形成狭义7张无听牌型。

扣除这些进张后，重新排名为：

J（1万）＝24

J（5万）＝24

J（9万）＝24

J（3筒）＝20

J（2万）＝16

结论：打1万，5万或9万是最佳选择。

注意：

（1）在有两个对子的情况下，打掉其中一个对子的挨张，通常情况下是不错的选择。虽然这种打法不一定是最好的，但它的优点与下一节的模型打法相对照即可看出。这种打法在实战中能帮助你快速锁定要打掉的牌张，留出大量的时间来观察桌面的情况。打掉一个对子的挨张，孤立出一个对子来，这种打法能够确保所有的进张都能成为狭义7张无听牌型。

（2）有两个对子时，如果拆掉其中一个对子，表面上看好像获得了最大机会数；其实不然，这种打法常常会出现进张另一个对子，或另一个对子挨张的时候，就不能成为狭义7张无听牌型，这一点必须注意。

【教学案例3】

筒12245689　万133788

这手牌应该怎么打？

教学图3：有三个对子

这是有三个对子的10张无听牌型，牌型可分解为：

筒122 456 89　万133 788

可以选择的牌张有：1、2筒，1、3、7、8万。

J（1筒）＝J（27筒、23689万）＝7×4－6＝22

J（2筒）＝J（37筒、23689万）＝7×4－4＝24

J（1万）＝J（237筒、3689万）＝7×4－6＝22

J（3万）＝J（237筒、2689万）＝7×4－6＝22

J（7万）＝J（237筒、238万）＝6×4－6＝18

J（8万）＝J（237筒、2369万）＝7×4－4＝24

计算表明：

应该打2筒，3万或8万。推荐打8万。

结论：在10张无听牌型有三个对子的情况下，只要不做大对胡或暗7对，拆掉其中一个有挨张或有靠张的对子，其机会数为最大。

【教学案例4】

筒12245688　万133788

这手牌应该怎么打？

教学图4：有四个对子

这是有四个对子的10张无听牌型，牌型可分解为：

筒122 456 88　万133 788

现有两个选择：做对子胡或暗7对；按最大机会数打。

第一，做对子胡或暗7对：

可选择的牌张有：1筒、1万。

J（1筒）＝J（28筒、23689万）＝7×4－8=20

J（1万）＝J（238筒、3689万）＝7×4－8=20

结论：打1筒或1万等价。

第二，按最大机会数打：

可选择的牌张有：2筒，3、8万。

J（2筒）＝J（38筒、23689万）＝7×4－6=22

J（3万）＝J（238筒、2689万）＝7×4－6=22

J（8万）＝J（238筒、2369万）＝7×4－6=22

结论：打2筒，3万或8万等价。

上面的计算结果说明：

在10张无听牌型的推进过程中，只有把牌型打成狭义7张无听牌型才是最优的路线。这个结论早在2023年就详细介绍过。我也在"今日头条"平台上，多次发文阐述这个理论原理。

现如今，这一理论原理作为计算机软件工程师开发麻将软件的底层逻辑，成为麻将进阶考试和网上打牌晋级的评判标准，已经在计算机和手机软件上使用了。有兴趣的读者可以去自行验证。

二、10张无听牌型实战案例分析

接下来，给大家介绍若干实战牌例，希望通过对这些牌例的分析和解读，能够帮助读者更好地学习10张无听牌型的相关知识，尽快地掌握10张无听牌型的战术打法。

【晋级考题1】

筒1125579　万2234468

这手牌是一道网上的进阶测试题，应该怎么打？

晋级考题图1

牌型可分解为：

筒112 5579　万234 2468

可选牌张有：

J（1筒）=J（3568筒、357万）=7×4-3=25

J（2筒）=J（1568筒、357万）=7×4-5=23

J（9筒）=J（1356筒、357万）=7×4-5=23

J（2万）=J（13568筒、57万）=7×4-4=24

机会数大小的排名依次为：

1筒，2万，2筒和9筒。

验算结果如下：

打1筒，进5、6筒不能形成狭义7张无听牌型；

打9筒，进5万不能形成狭义7张无听牌型；

打2万，进6筒不能形成狭义7张无听牌型。

扣除这些进张后，重新排名为：

J（2筒）=23

J（2万）=20

J（1筒）=19

J（9筒）=19

结论：打2筒是最佳选择。

【晋级考题2】

下面这手牌是网上晋级的一道考题。

条12234557　万223557

读者的讨论很热烈，该怎么打？

晋级考题图2

这道题的条子和万子有很多相似的地方，从竞技麻将的角度来分析，有做两个"喜相逢"这个番种的可能。因此，很多读者在手机软件上寻找的答案是打掉1条或者4条。如果抛开"喜相逢"这个番种，按"推到胡"的规则，那么这道题中的7条就是一个多张。

J（7条）＝J（2356条、12456万）＝9×4－9＝27

既然是多张，当然就应该考虑首先打掉。

实战案例1

2022年3月，我参加一个朋友的生日聚会，饭后聊天打牌。下面这手牌刚打完条子就形成了有一个对子的10张无听牌型。

桌面情况是：三家做条子和筒子，两家做万子。

筒1224589 万1255578

实战图1-1

观察可知：

这是只有一个对子的10张无听牌型。看似平淡无奇的一手牌，却在尾盘阶段打出了"一团火焰"，惊吓了四方。

实战过程：

开牌打掉1筒。

之后，摸2筒，退9筒。

再之后，摸1万，退8筒。

牌型变为：

实战图1-2

成为有一个对子的狭义7张无听牌型。

进3、6筒或6、9万，即可听牌。

实战过程：

过了两圈，桌面上出现1万，碰牌后退2万。没想到2万出去被对家碰，对家碰牌后打出5万，成全了我的5万直杠。更没想到的是杠起来的是2筒，于是暗杠没商量。

气氛一下子就紧张起来。

上家说对家："都是你惹的祸，要是打了杠上花，你一个人给。"

对家说："不是我惹的祸，是朱教授2万惹的祸。"

他们不知道，其实我还没有下听。

杠起来的是4筒，于是打掉5筒。

牌型变为：

实战图1-3

现已听牌：胡6、9万。

有观战者说，这个牌肯定自摸。

他的话音刚落，我就把6万摸上手了，赢了三家。

上家冲着观战者说："你这乌鸦嘴。"

众人皆乐。

实战案例2

2022年10月，朋友数人相约到南山郊游，饭后在农家主人专门搭建的露天围栏的花园中打牌娱乐。一边打牌，一边呼吸新鲜的空气，享受大自然的美景，心中好不惬意。

下面这手牌刚刚打完条子后形成的。

筒2445667　万2335779

桌面情况：三家条子和筒，两家万子。

现在应该怎么打？

实战图2

观察可知：

这手牌是有四个对子的10张无听牌型。

表面上看这手牌有四个对子，其实不然，因为筒子可以分解为：

2446 567

24 456 67

从分解结果可以看出：如果打掉2筒，将损失3筒；如果打掉6筒，将损失5、8筒；打掉4筒似乎只损失自身，其实不然，打4筒，进3、7万，不能成为狭义7张无听牌型。所以在万子中选择比较好。

J（2筒）=J（458筒、134678万）=9×4-7=29

J（2万）=J（3458筒、34678万）=9×4-7=29

J（5万）=J（358筒、13478万）=8×4-5=27

J（9万）=J（3458筒、13467万）=9×4-7=29

实战打法：

按照前面教学案例的建议，有两个对子时，打掉其中一个对子的挨张。于是，快速地打掉2万。

之后摸4筒，退2筒。

牌型变为：

实战图2-1

现在这手牌已经成为狭义7张无听牌型，进6、8万即可听牌。

实战过程：

当桌面上出现7万时，立即叫碰，然后打掉9万。再后来，桌面上出现3万，碰牌后，退5万。

牌型变为：

实战图2-2

现已听牌：胡5、6、8筒。

最后结果：

自摸8筒，关三家。

实战案例3

2023年4月，亲友聚会，饭后聊天打牌。下面这手牌刚打完条子就形成有三个对子的10张无听牌型。

桌面情况：两家万子，三家筒子和条子。

筒22345778　万223579

刚刚摸进2筒，应该怎么打？

实战图3

观察可知：

这是有三个对子的10张无听牌型。

根据前面教学案例的结论：在没有大对胡的情况下，拆掉其中一个有挨张的对子，可以获得最大机会数。

由于三家做筒子，两家做万子，所以应拆掉7筒。

实战过程：

打掉7筒。

之后摸3万，退9万。

牌型变为：

实战图3-1

实战过程：

之后摸9筒，退7万。

再之后摸3万，退5万。

牌型变为：

实战图3-2

现已听牌：胡2筒和2万。

实战过程：

紧接着桌面出现2筒，不胡，碰牌后放飞2万，追求自摸。

此时刚进入尾盘阶段。

牌型变为：

实战图3-3

重新听牌：胡1、2、4万。

最后结果：

自摸1万，关三家。

盘后点评：

此战，开局拆7筒是一个良好的开头。之后碰2筒，放飞2万，把胡牌中心转移到万子上，让资源更加充足，为自摸奠定了良好的基础。

实战案例4

2023年5月，朋友相约，郊游北碚缙云山。饭后，喝茶聊天，打牌下棋。下面这手牌是刚刚打完条子后形成的。

桌面情况：四家都做筒子和万子。

筒12344677　万335688

刚刚摸进8万，应该怎么打？

实战图4

观察可知：

这是有四个对子的10张无听牌型。

一般来说，有四个对子的牌型，开局以保留对子为好，但这局牌四家都做同样的花色，资源很紧张，要想做暗7对或大对胡是比较困难的。所以要随时改变策略，以快速听牌为首要任务。

实战过程：

打掉5万，企图引出8万。若打6筒则损失5、8筒，不可取。

下一圈，果真8万现身，碰牌后退6万，又有引出3万的作用。

之后，3万果真现身，碰牌后退7筒。

牌型变为：

实战图4-1

现已听牌：胡5、8筒。

实战过程：

牌局结束前，摸8万明杠。

至牌局结束，未胡牌。但对家未听牌，当了赔家。在资源如此紧张的
情况下，还能有如此收获，也算不错了。

实战案例5

2023年8月，在重庆仙女山避暑期间，我和家人打牌，开心娱乐一
下。下面这手牌是刚打完条子后形成的。

桌面情况：三家做筒子和万子，两家做条子。

筒3344688　万5667889

刚刚摸进5万，应该怎么打？

实战图5

观察可知：

这是有5个对子的10张无听牌型。

这手牌看上去有做暗7对的可能性，由于暗7对的性价比太低，并且没
有什么操作空间，所以我从来不会刻意去做暗7对。尤其现在是开局阶段，
而且我的牌型比较好。但由于两家做条子，所以在条子上出现清一色的概
率是比较大的。必须随时警觉，注意观察。我给自己设置的底线是：只摸
一手牌，如果不能7对听牌，那就马上转变策略。

实战过程：

打掉9万。

下一手摸3筒，立即打掉6万。

牌型变为：

实战图5-1

实战过程：

之后摸5筒，退4筒。胡8筒和8万。

再之后，摸7筒，退8筒。

牌型变为：

实战图5-2

重新听牌：胡3、6、9筒，8万。

最后结果：

居然摸3筒，带根自摸关三家。

盘后点评：

此牌由5个对子牌最后演变为有4个听的自摸牌型，完全得益于行牌理念的正确：摸3筒，退6万，转变及时。

到目前为止，我们已经学习了10张无听牌型的相关理论和基本打法，对其有了一定的认识。

接下来，为大家介绍一种10张无听牌型更简单、更高效、更快捷的打法，这个打法就是模型打法。

第三节　10张无听牌型的模型打法

为了在实战中又快又精准地操作10张无听牌型，需要找到一种更为简单快捷又不失精准的打法，这个打法就是10张无听牌型的模型打法。

由于10张无听这个牌型比较复杂，且种类繁多，加之不同的种类对应不同的打法；所以，在学习和记忆过程中肯定会有诸多的困难。

为了帮助大家更好更快地掌握这个牌型的各种打法。我经过长时间的潜心研究，终于在2024年元旦前成功研究出10张无听牌型的模型打法，并在实战中验证之后，于2024年3月首次在网络平台上以视频课程和文章发表的形式向社会大众公开了这一研究成果。

迄今为止，在我的视频课程里讲述10张无听牌型模型打法的内容有很多次，在读者群里为大家答疑解惑的次数更是数不胜数。

下面，我将详细为大家介绍10张无听牌型的模型打法。

一、基本概念打法

预备知识：

两边进张的23称为双面顺，一边进张的12或中间进张的46叫间张顺。233称为挨张对，244称为靠张对，122或112称为边张对。

两张牌在什么情况下组合成一副成牌的机会数最大？

这个问题的答案是显而易见的，那就是两边进张的顺子，如23、34……67、78等，其机会数为：

J（双面顺）＝8

三张牌在什么情况下组合成两副成牌的机会数最大？

答案也是显而易见的，那就是一个对子加一个连张的挨张对，如233、344……778等，其机会数为：

J（挨张对）＝10

理论上讲，由这些最优元素组成的牌型应该是最优牌型的。10张无听牌型的数学模型就是在这种基础上构建出来的。

二、10张无听牌型的最佳组合模型

以下探讨以两门花色为例，不考虑缩水理论。

1．1个对子模型

将1个对子＋4个双面顺组合成如下牌型：

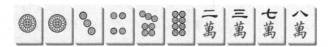

模型1：10张无听牌型1个对子最佳模型J（1个对子）=32

J（1个对子）＝8×4＝32

这是只有1个对子的10张无听牌型的最佳组合。

注释：

第一，对子必须是独立的。如果对子有挨张必须打掉，比如：

筒1125689　万1367889

只有打掉2筒，才能确保机会数最大，进张一次打成狭义7张无听牌型。

第二，此模型进1筒是不能打成狭义7张无听牌型的牌型。如果桌面上出现1筒，是碰还是不碰？

建议：如果上家打出1筒，可以考虑摸牌；如果是下家或对家打出1筒，建议碰牌，使牌型朝广义7张无听牌型发展。

2．2个对子模型

将2个挨张对＋2个双面顺组合成如下牌型：

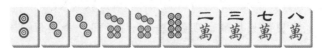

模型2：10张无听牌型2个对子最佳模型J（2个对子）=36

J（2个对子）=10×4-4=36

这是有2个对子的10张无听牌型的最佳组合。

注释：

第一，模型中的两个挨张对和两个双面顺，原则上是相互独立的。如果彼此间不是独立的，用模型套打锁定牌张后最好验算一下。

第二，模型中的两个对子是不能拆的。如果拆掉一个对子，当进张是另一个对子，或另一个对子的挨张，或其他牌张时，这时候的牌型就很有可能打不成狭义7张无听牌型。

第三，对子的挨张或靠张是可以拆的。

3．3个对子模型

将2个挨张对＋1个孤对＋1个双面顺组合成如下牌型：

模型3：10无听3个对子最佳模型J（3个对子）=30

J（3个对子）=9×4-6=30

这是有3个对子的10张无听牌型的最佳组合。

注释：

第一，该模型没有考虑暗7对这个番种对机会数的影响。关于这个问题的深入探讨见后面的"10张无听牌型模型探讨"。

第二，如果手牌有做暗7对或对子胡的可能性，通常情况下不建议拆掉对子。如果没有做暗7对或对子胡的可能性，那拆掉一个有挨张或靠张的独立对子为好，以获取最大机会数，快速听牌。只有这样打，才能保证所有的进张都可以打成狭义7张无听牌型。孤对原则上是不能拆的。

第三，模型3的机会数没有模型2的机会数大，为什么？

是为了保留3个对子，打掉了其中1个对子的挨张。如果打掉的是对子，牌型就还原成了模型2。这就是我常说的，"在通常情况下，当有3个对子的时候，拆掉其中一个对子可以获得最大机会数"的数学原理。

4．4个对子模型

模型4-1（不含暗7对）

将2个挨张对＋2个连张对组合成如下牌型：

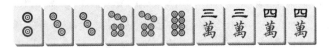

模型4-1：10张无听牌型4对子最佳组合（不含暗7对）J=32

J（4个最优对组合不含暗7对）＝10×4－8＝32

这是有4个对子的10张无听牌型的最佳组合：2个挨张对＋2个连张对，且所有对子不含1和9。此模型不包含暗7对这个番种。

模型4-2（含暗7对）

将2个挨张对＋2个连张对组合成如下牌型：

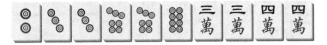

模型4-2：10张无听牌型4对子最佳组合（含暗7对）J=38

J（4个最优对组合含暗7对）＝12×4－10＝38

此模型含暗7对这个番种。详见后面的"10张无听牌型模型探讨"。

注释：

第一，通常情况下，两个孤对是分开的，如图中的3万和4万。一旦分开，模型中的机会数就要减掉4个或8个，为28或24。

第二，该模型至少4个对子，有做暗7对或对子胡的可能性，通常情况下不建议拆掉对子。如果没有做暗7对或对子胡的可能性，那拆掉一个有挨张或靠张的独立对子为好，以获取最大机会数，快速听牌。

第三，如果你的牌风比较激进，喜欢暗7对这个风险较高的番种，那就建议你采用模型4-2套和计算；反之采用模型4-1。

以上是10张无听牌型的五个最优的标准模型。

这五个最优的"10张无听牌型标准模型"是本人利用机会数理论进行

了长达一年的研究，最终所取得的理论成果。这项研究成果不仅填补了10张无听牌型没有模型打法的空白，也是麻将理论上的重大突破。

这项研究成果的重要意义是建立了麻将在10张无听牌型状态下的数学模型；把看似杂乱无序、浩如烟海的各种10张无听牌型分门别类，找出通向中局阶段——7张无听牌型的最佳打牌路径。它是麻将开局打法研究的一个重要里程碑。

实战中，参照模型打牌肯定会节省大量时间，不仅能使你的打牌速度更快捷，同时能使你的出牌更精准和科学。让你可以将更多的精力用于观察和分析桌面上的情况。

需要注意的是，模型是不变的，而实战中的牌型是在不断变化的，对子可能有挨张，也可能没有挨张，这就需要结合具体情况，灵活运用。

三、10张无听牌型模型探讨

1. 元素独立时直接套打

模型中的几种元素，如挨张对、靠张对、边张对、顺子等，原则上是各自独立的。满足这个条件的牌型可以直接用模型套打。

【教学案例1】

下面这手牌应该怎么打？

筒122579　万12234788

教学图1

牌型可分解为：

筒122 579　万12 234 788

由于122筒和788万是各自独立的，故可以直接按模型套打。观察可知，万子是不能动的，于是马上可以锁定打5筒或9筒。

验算可知，打1筒也是可以的。

2．元素不独立时分析套打

如果牌型中的两个挨张对或靠张对不是独立的，在使用模型套打时，就要分析判断，谨慎使用。见下例。

【教学案例2】

下面这手牌应该怎么打？

筒122455　万12234688

教学图2

牌型可分解为：

筒122 455　万12 234 688

筒122 455　万123 24 688

分解图是有三个对子的10张无听牌型。

此时，边张对122筒和挨张对455筒并不是独立的，它们之间通过3筒可以联系起来的，如果直接用模型套打就可能出问题。遇到这种情况，最好用计算法验证一下。其实，很多时候通过观察分析，可以快速锁定牌张。本案例中，一看便知1筒是个多张，既然是多张，当然应该首先打掉。

【教学案例3】

下面这手牌应该怎么打？

筒1125779　万1223468

教学图3

牌型可分解为：

筒112 5779　万123 2468

筒112 5779　万234 1268

分解图是有两个对子的10张无听牌型。

第一，如果对照模型来套打，似乎应该打5筒或9筒，但这样打就错了。因为元素112筒虽然是独立的，但5779筒并不是独立的，77筒被5筒和9筒包围在中间，成为一个整体；如果打5筒或9筒，那么进5万就不能一次性打成狭义7张无听牌型；5万就是无效进张。

第二，既然5779筒是一个整体，不能拆，那么正确的打法是必须打掉另一个对子的挨张，即2筒，把11筒彻底独立出来。这样打的结果是无论进什么张都是有效进张，这一点必须特别注意。

第三，这手牌可以从另外一个角度来思考：既然5779筒是个整体，不能随便拆，那就把5779筒看作是57筒和79筒两个间张顺子，于是这手牌就变成了只有一个对子的10张无听牌型，则可以按照模型1来套打，打掉对子的挨张2筒。这个思路就叫降维打法。

3．特殊牌型

有些牌型可以看成一个独立的整体，如：

33577，44688，1355，2466

……

这样的特殊牌型一般情况下不要轻易拆开。

4．关于模型3和模型4的探讨

模型3和模型4-1没有考虑暗7对这个番种对机会数的影响，如果考虑这种影响，其结果会怎样呢？首先，要明确以下概念。

有4个对子的牌，可以看成是10张无听牌型，因为进张一次可能成为5个对子，相当于狭义7张无听牌型。再进张一次可能成为6个对子听牌。

下面以4个对子的模型来探讨。

模型4：10张无听牌型4个对子

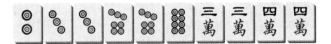

模型4：10张无听牌型4个对子

考虑暗7对时，要考虑2筒或8筒的进张。

进134679筒或2345万可以成副；进28筒可以成为5对。故：

J（含暗7对的模型4-2）=12×4-10=38

模型4-2比模型4-1的内容更丰富。如果你的牌风比较激进，喜欢暗7对这个番种，那就用模型4-2来套打和计算；反之采用模型4-1。

对模型3也可以用同样的方法来探讨。

模型3表面上看只有3个对子，那是因为还有3张成副的牌没有列出来。模型可视为分解图，如果将整手牌全部列出来，合计有4个对子的概率是相当大的。这时候如果考虑暗7对的影响，其机会数是多少？

下面就以案例来探讨这个问题。

【教学案例4】

下面这手牌应该怎么打？

筒1144788　万1233478

教学图4：分解图3个对子，合计4个对子

牌型可分解为：

筒11　44　788　万123　34　78

筒11　44　788　万234　13　78

这是有3个对子的10张无听牌型。

1．不考虑暗7对。

套用模型3，拆掉挨张对8筒有最大机会数。

J（8筒）=J（1469筒、2569万）=8×4-5=27

J（1万）=J（14689筒、69万）=7×4-6=22

J（4万）=J（1万）=22

2．考虑暗7对。

可选牌张有1、4万。观察可知，打1万和4万等价。以1万为例：进14689筒、69万可成副；进7筒、2478万可成5小对。于是：

J（1万）=J（146789筒、246789万）=12×4-11=37

这个机会数比不考虑暗7对的机会数大多了。

讨论：

这种打法也有一定的风险，以打1万为例。当进张为69筒或6789万的时候，对你下一步的选择会带来困扰。如果放弃暗7对，那就打8筒或3万，牌型等于原地踏步，还是二阶听。如果继续做暗7对，那就打7筒或6、7万，走上一条有高风险的路。为什么说做暗7对是高风险？

因为在操作过程中，从4个对子打到5个对子，机会数为15（理论值），难度并不大。难度大的是从5个对子摸到6个对子，所谓的"三摸一"阶段。假如开局时你手上就有5个对子，要摸到6个对子，其机会数的理论值为9；如果把其他三家手上的39张牌都考虑进去，牌墙中的机会数只有5.3张，由于这5.3张是4个牌手在分享，你摸到的机会数实际只有1.3张，难度很大，风险极高。有的地方麻将就没有这个番种。

3．一次性打成狭义7张无听牌型已成为计算机的评判标准

10张无听牌型向前推进的过程中进张一次打成狭义7张无听牌型才是最优的路径，这一理论已经成为计算机软件工程师开发软件的底层逻辑，并且已经应用到电脑或手机软件上作为打牌晋级和网上进阶考试的评判标准。上述几个模型打法也完全遵循了这一理论。

四、10张无听牌型模型的案例分析

10张无听牌型模型的打法实战性很强，除了简单明了，方便快捷之外，还非常精准科学。在使用模型打法的过程中有哪些问题需要注意？

下面将通过若干案例的学习来回答。

【教学案例1】

下面这手牌应该怎么打？

筒122346889　万12579

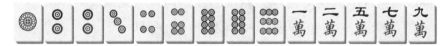

教学图1：有1个对子

观察可知：

这是有一个对子的10张无听牌型，可将其分解为：

筒123 246 889　万12 579

解1：计算法

如果用机会数理论来进行计算，要让这手牌进张一次成为狭义7张无听牌型，且机会数最大，只能打掉9筒。

J（9筒）＝J（35筒、368万）＝5×4－1＝19

解2：模型法

用模型1来套打，可以马上锁定只能打掉对子的挨张9筒。

注意：

在有一个对子的情况下，必须打掉对子的挨张或靠张，把对子独立出来，才能保证进张一次成为狭义7张无听牌型，并且有最大机会数。

假如出现8筒，应不应该碰？

如果是上家打出的8筒，可以放弃，选择摸牌；如果是下家或对家打出的8筒，应该碰掉，把这手牌打成广义7张无听牌型。

【教学案例2】

下面这手牌应该怎么打？

筒12445899　万467889

教学图2：有2个对子

牌型可分解为：

筒12 445 899　万468 789

观察可知：

这是有2个对子的10张无听牌型，可选牌张有5、8筒，8万。

1筒看上去好像是个多张，其实不然。如果打1筒，而进4、7、9筒，则不能打成狭义7张无听牌型。

解1：计算法

J（5筒）＝J（3479筒、57万）＝6×4−5＝19

J（8筒）＝J（3469筒、57万）＝6×4−5＝19

J（8万）＝J（34679筒、5万）＝6×4−4＝20

计算表明：打8万最优。

解2：模型法

用模型2来套打。445筒和899筒不能动，12筒、79万也不能动；能动的只能是468万。一眼便知，打8万比打4万多1个机会数。

结论：打8万最佳。

模型打法又快又精准。

【教学案例3】

下面这手牌应该怎么打？

筒122345579　万24677

教学图3：有2个对子

牌型可分解为：

筒345 122 579 万24 677

筒123 2455 79 万24 677

这是有2个对子的10张无听牌型，可选牌张有1、2、5、9筒。

解1：计算法

J（1筒）＝J（2568筒、3578万）＝8×4−6＝26

J（2筒）＝J（3568筒、3578万）＝8×4−5＝27

J（5筒）＝J（2368筒、3578万）＝8×4−5＝27

J（9筒）＝J（2356筒、3579万）＝8×4−7＝25

计算表明：打2筒或5筒最优。

解2：模型法

用模型2来套打。观察可知，万子是不能动的，由分解图可以看出：应该打5筒或2筒。

结论：打2筒或5筒最佳。

模型打法简单快捷，精准科学。

【教学案例4】

下面这手牌应该怎么打？

筒35578889 万135688

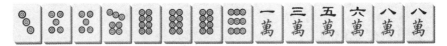

教学图4：有2个及以上对子

牌型可分解为：

筒355 88 789 万13 56 88

筒355 79 888 万13 56 88

这手牌既可以分解成有3个对子的10张无听牌型，又可以分解成有两个对子的10张无听牌型。由于13、56、88万是独立的，所以万子不能动，只能在筒子中作选择。可选牌张有3、5、9筒。

解1：计算法

J（3筒）＝J（568筒、2478万）＝7×4－7＝21

J（5筒）＝J（468筒、2478万）＝7×4－5＝23

J（9筒）＝J（456筒、2478万）＝7×4－4＝24

计算表明：打9筒最佳。

解2：模型法

由于88万是独立的，相应的进张都可以打成狭义7张无听牌型。用模型2来套打，一眼就可以锁定打9筒是最佳选择。因为8筒已有3张明牌，如果保留9筒，那么79筒进8筒是很困难的。

结论：打9筒。

模型打法的优势很明显。

【教学案例5】

下面这手牌应该怎么打？

筒2445667　万2335779

教学图5：有2个及以上对子

牌型可分解为：

筒2446　567　　万233　5779

筒2467　456　　万233　5779

由分解图，可选牌张有2筒，2、5、9万。

解1：计算法

J（2筒）＝J（458筒、134678万）＝9×4－7＝29

J（2万）＝J（3458筒、34678万）＝9×4－7＝29

J（5万）=J（358筒、13478万）=8×4−5=27

J（9万）=J（3458筒、13467万）=9×4−7=29

计算表明：打2筒和2、9万是等价的。

解2：模型法

此题既可以分解成有3个对子的10张无听牌型，又可以分解成有2个对子的10张无听牌型。44筒明显独立不了，5779万原则上是个整体，77万被59万所包围，没有独立出来，在这种情况下必须打掉2万，让3万独立出来，才能保证所有进张都可以打成狭义7张无听牌型。

结论：打2万。

模型打法可以快速锁定打2万，其优势不言而喻。

其实从分解图可以看出，打2筒或9万是等价的。验算可知，打2筒或9万与打2万也是等价的。

【教学案例6】

下面这手牌应该怎么打？

筒223555889　万23667

教学图6：有3个对子

牌型可分解为：

筒223 555 889　万23 667

这是有3个对子的10张无听牌型，可用模型套打。

1．如果考虑暗7对或对子胡，那就打掉9筒。打9筒：进1248筒、14568万可成副；进35筒、237万可成5对。故有：

J（9筒）=J（123458筒、12345678万）=14×4−13=43

2．如果不考虑暗7对或对子胡，按最大机会数来打，那就应该拆掉其中一个对子。一般情况下，拆掉挨张对为好。

验证如下：

J（2筒）＝J（1478筒、14568万）＝9×4－4＝32

J（8筒）＝J（1247筒、14568万）＝9×4－4＝32

J（6万）＝J（12478筒、1458万）＝9×4－4＝32

在本例中，拆掉任何一个对子，都是等价的。

【教学案例7】

下面这手牌应该怎么打？

筒1114688　万1225799

教学图7：有3个对子

牌型可分解为：

筒111　4688　万122　5799

这是有3个对子的10张无听牌型，可用模型套打。

1. 考虑暗7对或对子胡

既然要考虑暗7对或对子胡，那就要保留对子。4688筒和5799万分别是个整体，不宜拆。在这种情况下，那就必须将另外一个对子22万独立出来，只有这样打才能保证所有的进张能够打成狭义7张无听牌型。

打1万：进578筒、2689万可成副；进146筒、57万可成5对

J（1万）＝J（145678筒、256789万）＝12×4－12＝36

结论：打1万。

2. 不考虑暗7对或对子胡

对照模型3，按最大机会数来打，只有拆掉一个独立的挨张对或靠张对，本例中只有122万是独立的靠张对。

结论：打2万。

J（2万）＝J（578筒、3689万）＝7×4−4＝24

【教学案例8】

下面这手牌应该怎么打？

筒455899　万24456779

教学图8：有3个对子

牌型可分解为：

筒455　899　万244　567　79

筒455　899　万24　456　779

1．考虑暗7对或对子胡

此时，应该保留对子。由分解图可知，455筒结构最好，应保留。只能在899筒、244万、779万之间作选择。观察可知，打8筒最佳。因为打8筒有诱出5筒和投石问路的作用。

打8筒：进3569筒、3478万可成副；进4筒、2569万可成5对。

J（8筒）＝J（34569筒、23456789万）＝13×4−13＝39

2．不考虑暗7对或对子胡

对照模型3，按最大机会数来打，只有拆掉一个独立的挨张对或靠张对，本题中只有455筒或899筒满足这个条件。

J（5筒）＝J（3679筒、3478万）＝8×4−6＝26

J（9筒）＝J（3567筒、3478万）＝8×4−6＝26

结论：打5筒与打9筒等价。

【教学案例9】

下面这手牌应该怎么打？

筒12234557　万223557

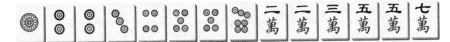

教学图9: 有3个对子

这是一道进阶测试题。

牌型可分解分解为:

筒122 345 57　万223 557

筒12 234 557　万223 557

对照3个对子模型,223万结构最好,应保留。比对122筒、557筒、557万和筒子牌型,可以发现,7筒其实是一个多张。

J(7筒)=J(2356筒、12456万)=9×4−9=27

结论:打7筒。

【教学案例10】

下面这手牌应该怎么打?

筒22567778　万335778

教学图10: 有3个对子

牌型可分解为:

筒22 567 778　万335 778

筒22 568 777　万335 778

由分解图可以看出,567778筒是复合型,根本就不能动,所以本例可看成是有3个对子的10张无听牌型。2筒是孤对,原则上不能拆;因此筒子牌型不能动,只能在万子中做选择。

用3个对子模型套打,可以快速锁定牌张。

1. 考虑暗7对或对子胡

那就保留对子,打5万或8万。

打5万：进24679筒、3679万可成副；进5678筒、8万可成5对。

J（5万）＝J（2456789筒、36789万）＝12×4−13＝35

J（8万）＝J（5万）＝35

结论：打5万与打8万等价。

2．不考虑暗7对或对子胡

那就拆掉对子3万或7万。

J（3万）＝J（24679筒、4679万）＝9×4−8＝28

J（7万）＝J（24679筒、3469万）＝9×4−8＝28

结论：打3万与打7万等价。

【教学案例11】

筒12344688　万122577

下面这手牌应该怎么打？

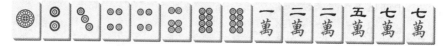

教学图11：有4个对子

牌型可分解为：

筒123　44688　万122　577

这是有4个对子的10张无听牌型，可用模型套打：

1．考虑暗7对或对子胡

应该保留对子。观察可知，44688筒是个整体，原则上不能拆，那就只能考虑打1万或5万。

打1万：进4578筒、267万可成副；进1236筒、5万可成5对。

J（1万）＝J（12345678筒、2567万）＝12×4−13＝35

J（5万）＝J（1万）＝35

结论：打1万与打5万等价。

2．不考虑暗7对或对子胡

这种情况下，只能拆掉一个独立的挨张对或靠张对。44688筒是个整体，不能拆，所以，只能拆掉2万或7万。

J（2万）＝J（4578筒、367万）＝7×4－6＝22

J（7万）＝J（4578筒、236万）＝7×4－6＝22

结论：打2万和打7万等价。

五、10张无听牌型模型打法实战案例

下面通过实战案例的介绍，帮助大家更好地掌握模型打法的要领。

实战案例1

2024年1月的一个周末，应朋友邀请参加一个饭局。之后就在朋友的家中打牌娱乐，甚是高兴。下面这手牌是刚打完条子所形成的。

桌面情况：两家做筒子，两家做条子，四家做万子。

筒22466788　万223579

刚刚摸进6筒，应该怎么打？

实战图1

牌型可分解为：

筒22468　678　万223579

这是有两个对子的10张无听牌型，可用模型2套打。一眼就能看出打8筒比打9万多1个机会数。

J（8筒）＝J（235筒、12469万）＝8×4－4＝28

实战过程：

打掉8筒。

之后摸6万，退9万。

牌型变为：

实战图1-1

牌型变为狭义7张无听牌型。

实战过程：

接下来，摸5筒退3万。

牌型变为：

实战图1-2

已听牌：胡2筒和2万。

之所以胡对杵，是因为四家做万子，如果下听1、4万，胡牌的概率就很小。胡对杵还有一个用意，那就是为下一步放飞鸽打基础，因为现在刚刚处于中盘阶段，还有足够的时间。

接下来，2筒现身，碰牌后放飞6筒。

牌型变为：

实战图1-3

重新听牌：胡3、6、9筒。

两家做筒子，资源丰富。

最后结果：

自摸3筒，关三家。

盘后点评:

这是我首次将10张无听牌型模型打法运用于实战,目的是检验它的实战性能。说实话模型打法真的很好用,简单明了,快捷高效。

本局开牌首张就快速锁定8筒,完全是模型打法的成功引导。

此时,关于模型打法的文章初稿已经完成,为了让其在实战中接受更多的检验,故该文章直到3月26日才在网络平台上正式发表。

实战案例2

2024年春节刚过完,几个老朋友相约户外郊游,中午在一个农家院吃饭,闲聊中谈到麻将话题,大家颇有兴趣,一致提议,理论联系实际,吃完饭就实践几盘。下面这手牌打完条子就是10张无听牌型。

桌面情况:三家筒子,三家条子,两家万子。

筒135567889 万44578

刚刚摸进4万,应该怎么打?

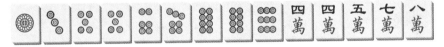

实战图2

事后研讨,大家的意见都集中在1筒和9筒上。

牌型可分解为:

筒135 567 889 万445 78

筒13 5568 789 万445 78

筒1355 678 89 万445 78

对照2个对子的模型来套打:由分解图可知,应该打5筒或8筒。快速锁定打5筒或8筒。

验证如下:

J(5筒)=J(2478筒、3469万)=8×4-5=27

J（8筒）＝J（2457筒、3469万）＝8×4−5＝27

J（9筒）＝J（2458筒、3469万）＝8×4−6＝26

J（1筒）＝J（4578筒、3469万）＝8×4−7＝25

实战过程：打8筒。

牌型变为：

实战图2-1

实战过程：

碰4万，退5万。

牌型变为：

实战图2-2

之后，摸9万，退9筒。

牌型变为：

实战图2-3

现已听牌：胡2筒。

之后摸4筒，退1筒。

牌型变为：

实战图2-4

重新听牌：胡2、5、8筒。

最后结果：

自摸2筒，关三家。

朋友们说："教授这牌研究得深，开局打法的模型都研究出来了。这模型打法有点神奇，等你新书出来，一定拜读。"

盘后点评：

此战完胜，应该归功于模型打法，一开始就马上锁定5筒或8筒，判断精准。

实战案例3

2024年2月初的一个周末，朋友相约，某茶楼聚会，见面后一位朋友问了一手牌：中局阶段，刚刚摸进9万，该怎么打？

桌面情况：四家都做筒子和万子。

筒13556788　万133589

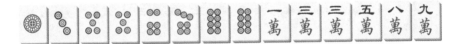

实战图3

牌型可分解为：

筒135 567 88　万1335 89

筒13 558 678　万1335 89

这手牌只能分解为有两个对子的10张无听牌型。由于筒子是复合型，对子5、8筒相互制约，即便分离出来也并未真正独立。在这种情况下，只能拆掉1万或5万，损失2万或4万的进张，把1335万打成靠张对。

J（1万）=J（2458筒、347万）=7×4-6=22

J（5万）=J（2458筒、237万）=7×4-6=22

实战过程：

这位朋友选择了打5筒（打5筒进4筒不能成为狭义7无听牌型）。

下一手，摸4筒，退1筒。

牌型如下：

实战图3-1

观察可知：

最少还要两次进张才能听牌。如果一开始打掉1万，现在牌型为：

筒34556788　万33589

进张一次就可听牌。

实战过程：

碰3万，退1万。

牌型变为：

实战图3-2

牌型成为复合型四人抬轿。

如果当初打掉1万，现在已经听牌7万。

实战最后：

摸2筒，退5万，胡7万。

5万出去放炮，最终7万现身，胡牌。

盘后点评：

此牌型在5、8筒不能独立的情况下，只能将对子3万尽快从1万和5万的包围中先突围一边。

实战中，晚一手听牌，结局就很难预料。

实战案例4

2024年2月末的某天，亲友聚会。饭后，聊天喝茶，打牌娱乐。下面这手牌是刚打完条子所形成的。

桌面情况：三家筒子和万子，两家条子。

筒1135778　万2334557

刚刚摸进5万，应该怎么打？

实战图4

两家做条子，容易出现清一色，必须尽快听牌。

牌型可分解为：

筒1135 778　万234 3557

筒1135 778　万345 2357

这是有3个对子的10张无听牌型，整手牌有4个对子，原则上应保留对子。那就只能在8筒或7万中做选择，一眼就能确定。

验证如下：

打8筒：进12467筒、1456万可成副；进35筒、247万可成5个对子。

J（8筒）＝J（1234567筒、124567万）＝13×4－13＝39

打7万：进124679筒、145万可成副；进358筒、24万可成5个对子。

J（7万）＝J（1~9筒、1245万）＝13×4－13＝39

实战中选择了打7万。

牌型变为：

实战图4-1

实战过程：

接下来，摸4筒，退3万。

之后，碰1筒，退7筒。

牌型变为：

实战图4-2

现已听牌：胡6、9筒。

此时，牌局进入中盘后期。上家打9筒，桌面平静，放过。殊不知对家摸牌后，突然暗杠1条。当时真有些后悔。

谁知道，对家暗杠后摸起来的是9筒，且不得不打，放了我的杠上炮。真是转瞬之间，心理上经历了冰火两重天。

盘后点评：

此战有惊无险，最后完胜，归功于模型打法的简单快捷，能够在第一时间内锁定打7万。

实战案例5

2024年3月初的一个周末，朋友相约，郊外踏青。三个小时左右的户外郊游，大家都甚感疲惫，谁知饭后大家都来了精神，就在农家小院的院坝里打起了麻将。上桌的第一盘，中局阶段牌型如下。

桌面情况：四家都做筒子和万子。

筒122345579　万24677

外面分别有1万和9万暗杠，形势很严峻。

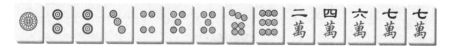

实战图5

牌型可分解为：

筒123 2455 79 万246 77

筒122 345 579 万246 77

这是有2个对子的10张无听牌型。由分解图可知，应该打2筒或打5筒。

验证如下：

J（2筒）＝J（3568筒、3589万）＝8×4－5＝27

J（5筒）＝J（2368筒、3589万）＝8×4－5＝27

J（1筒）＝J（2568筒、3589万）＝8×4－6＝26

J（9筒）＝J（2356筒、3589万）＝8×4－7＝25

J（2万）＝J（23568筒、578万）＝8×4－7＝25

实战中选择了打5筒。

牌型变为：

实战图5-1

实战过程：

之后，碰2筒，退1筒。

牌型变为：

实战图5-2

现在离下听已经很近了。

下一手摸2筒明杠，再摸4万，退6万。

牌型变为：

实战图5-3

实战过程：

摸3万，退4万。

牌型变为：

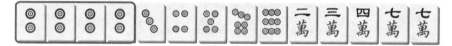

实战图5-4

现已听牌：胡8筒。

接下来，摸6筒，退9筒。

牌型变为：

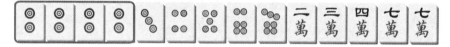

实战图5-5

重新听牌：胡2、5、8筒。

最后结果：

下家打8筒，放炮对家和我，一炮双响。

盘后点评：

此战能够化险为夷，轻松逃脱两个杠牌的威胁，模型套打功不可没。一开始用模型快速锁定2筒或5筒，赢在了起跑线。

实战案例6

2024年3月的一个周末，朋友相约聚餐，下午便早早来到相约地方打牌娱乐。下面这手牌是刚打完条子所形成的。

桌面情况：四家都做筒子和万子。

筒233345778 万33577

刚刚摸进7万，应该怎么打？

实战图6

牌型可分解为：

筒234 335 778 万33577

筒345 233 778 万33577

筒333 245 778 万33577

这是有3个或4个对子的10张无听牌型，整手牌是3个对子+1个刻子，有做暗7对或对子胡的可能，应该保留对子。33577万相互联系，是个整体，原则上不能拆，只能在2、5、8筒中做选择。

实战中选择了打8筒。

验证如下：

打2筒：进3679筒、3467万可成副；进3458筒、5万可成5个对子。

J（2筒）=J（3456789筒、34567万）=12×4−13=35

打5筒：进3678筒、3467万可成副；进2348筒、5万可成5个对子。

J（5筒）=J（2346789筒、34567万）=12×4−13=35

打8筒：进13467筒、3467万可成副；进2345筒、5万可成5个对子。

J（8筒）=J（1234567筒、34567万）=12×4−13=35

这手牌如果不考虑暗7对或对子胡，对照模型4，拆掉一个有挨张或靠张的独立对子有最大机会数。由分解图可知，拆掉3筒最好。

J（3筒）=J（14679筒、3467万）=9×4−7=29

实战过程：

打掉8筒。

下一手，摸6万，退7万，立马放弃暗7对或对子胡。

牌型变为：

实战图6-1

现已成为狭义7张无听牌型。

实战过程：

碰7筒，退2筒。

牌型变为：

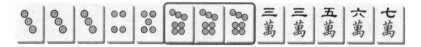

实战图6-2

现已听牌：胡3、6筒和3万。

实战结果：

最后居然自摸3筒，带根胡牌，赢三家，收获巨大。

盘后点评：

最后的3筒带根自摸，虽有很大的运气成分，但一开始能够快速锁定8筒，按正确的方向打，模型打法功不可没。

实战案例7

2024年3月的一个周六，受邀参加一个老友的生日宴会，之后在主人的热心安排下，到饭店的棋牌室休闲娱乐，我和主人做搭档。下面这手牌主人摸牌，我当参谋。打完条子就是10张无听牌型。

桌面情况：两家筒子，两家条子，四家万子。

筒13345668　万112556

刚刚摸进6万，应该怎么打？

实战图7

主人说："这牌太复杂了，不知道怎么打。"

牌型可分解为：

筒13 345 668 万112 556

筒133 456 68 万112 556

这是有3个对子的10张无听牌型，整手牌有4个对子，有暗7对或对子胡的可能，以保留对子为好。打1、8筒或打2万是等价的。但从价值来说，打2万有引出5万的作用，打2万最好。

打2万：进2367筒、1457万可成副；进1458筒、6万可以成5个对子。

J（2万）=J（12345678筒、14567万）=13×4-13=39

我对主人说："打2万试试吧。"

实战过程：

打2万。

牌型变为：

实战图7-1

没想到2万出去真就被对家碰了，紧接着对家打出1万。

主人赶紧叫碰，然后退1筒。

牌型变为：

实战图7-2

殊不知1筒出去，对家又碰，然后打出5万。

主人又喊碰，然后退6万。

牌型变为：

实战图7-3

已经听牌：胡7筒。

这两个回合，完全把上下两家打蒙了。几乎是异口同声："你们两家是不是约好了的哟，打得这么精准。"

主人说："全靠朱教授指导有方。"

接下来，更加不可思议：

下一手主人摸1万明杠，再摸7筒，杠上花。

主人高兴惨了："你们几个今天晓得我的厉害了吧。"

主人平时输得多，赢得少，喜欢打牌，待人真诚。今天有这么好的手气权当是朋友们对他的祝福吧。

盘后点评：

此战大获全胜归功于模型套打和手气。

实战案例8

2024年3月的一个周末，亲友数人自驾郊外一日游。没想到一路堵车，到达目的地差不多已到吃饭时间。人多得比赶场还热闹，与其说看景色还不如说是看人。中午吃碗泡面，还累得不行。有人提议，反正都堵车，不如玩到傍晚再回。于是乎，大家在农家院玩起了麻将。

下面这手牌，刚刚打完条子，摸进8万。

桌面情况：两家万子，三家筒子，三家条子。

筒133589　万12234688

应该怎么打？

实战图8

牌型可分解为：

筒1335 89　万123 24688

套用有2个对子的10张无听牌型模型可知，1335筒的对子被1筒和5筒所包围，8万也没有真正的独立，那就只能让33筒突围一边，要么打1筒，要么打5筒。如果不小心打掉2万，那就错了；打2万，进7万，不能成为狭义7张无听牌型，原因就是33筒被1、5筒所包围，8筒也没有真正独立。

实战中选择了打1筒。

J（1筒）＝J（347筒、3578万）＝7×4－5＝23

牌型变为：

实战图8-1

实战过程：

之后，进5万，退2万。

牌型变为：

实战图8-2

现在是狭义7张无听牌型。

之后，碰8万，退5筒。

牌型变为：

实战图8-3

现已听牌：胡7筒。

当桌面出现3筒时，立马叫碰，退8筒。

牌型变为：

实战图8-4

听牌：单吊9筒。

最后结果：上家打9筒成全了我。

盘后点评：

套用模型，打1筒，赢在了起跑线上。

当对子被左右两边包围时，打掉另一个对子的挨张可以解围，让所有进张都有效。按这个思路，本题打掉对子8万的挨张6万，可以让所有进张都有效。但打6万，会损失5、7万进张，损失太严重，故打1筒。

实战案例9

2024年五一期间，朋友聚会，聊天喝茶，打牌娱乐，甚是热闹。期间一手牌有点难度，开局阶段牌型如下。

筒1355889 万3455579

桌面情况：四家都做筒子和万子。外面1万是暗杠，形势不乐观。

应该怎么打？

实战图9

牌型可分解为:

筒1355 889 万345 55 79

筒1355 889 万34 555 79

1355筒是个整体,原则上不拆;万子是复合型,原则上不动。唯一可动的牌张只有8筒和9筒。对照模型3,拆掉一个独立的挨张对或靠张对有最大机会数。

验证如下:

J(8筒)＝J(2457筒、2568万)＝8×4−5=27

J(9筒)＝J(2458筒、2568万)＝8×4−7=25

实战中我选择了打9筒。

开局阶段用缩水理论,以保留对子为好。

牌型变为:

实战图9-1

接下来,摸6万,退9万。

牌型变为:

实战图9-2

实战过程:

碰5万,退1筒。

牌型变为:

实战图9-3

离听牌还有一步之差。

之后，碰5筒，退3筒。

牌型变为：

实战图9-4

现已听牌：胡2、5、8万。

最后结果：2万带根自摸，关三家。

盘后点评：

此战完胜，归功于套打模型前的正确分析。

实战案例10

2024年7月，我在仙女山避暑，偶尔和朋友们打打牌。下面这手牌是检验模型打法的好机会，中局阶段牌型如下。

筒244778　万11355789

桌面情况：三家做筒子，三家做万子，两家做条子。外面做条子的两家分别都有一个暗杠，情况很不乐观。

刚刚摸进9万，应该怎么打？

实战图10

牌型可分解为：

筒244 778　万11355 789

这是有4个对子的10张无听牌型。但没有暗7对的可能性，外面的情况也很严峻，必须尽快胡牌。11355万是一个整体，不能动。筒子244和778应该拆掉一个对子才有最大机会数。

J（4筒）＝J（3679筒、1245万）＝8×4－6＝26

J（7筒）＝J（3469筒、1245万）＝8×4－6＝26

实战过程：

打7筒。

牌型变为：

实战图10-1

实战过程：

碰4筒，退2筒。

牌型变为：

实战图10-2

离听牌还有一步之差。

接下来，碰1万，退3万。

牌型变为：

实战图10-3

现已听牌：胡6、9筒。

牌局已接近尾声。此时，上家打出9筒，胡牌。

盘后点评：

虽然只胡了一个小胡，但很有成就感。在这么严峻的情况下，能够用模型套打快速锁定7筒，已经很不错了，的确应该为自己点赞！

第四节　10张无听牌型推向广义7张无听牌型

10张无听牌型在向前推进的过程中，除了走狭义7张无听牌型这条路之外，还可能会走另外一条路，那就是广义7张无听牌型。

何为广义7张无听牌型？

广义7张无听牌型是指进张两次或两次以上才能听牌的牌型。

关于广义7张无听牌型的具体打法详见"第三章中局打法"，本节只给出这个牌型的基本概念。

请看如下牌例：

【教学案例1】

筒11134689　万124579

这手牌该怎么打？

教学图1

观察可知：

9筒明显就是多张，应打掉9筒。

牌型可分解为：

筒111 34 68　万1245 79

除开111筒，剩下这10张牌虽然都是有听牌型，但是没有对子，在这种情况下，无论怎么打，它也不可能成为狭义7张无听牌型。

【教学案例2】

筒112589　万11257889

这手牌该怎么打？

教学图2

牌型可分解为：

筒112589　万11258　789

虽然有2个对子，但是无听牌型较多，在这种情况下，无论怎么打，它也不可能成为狭义7张无听牌型。

最佳选择是打5万。

【教学案例3】

筒124479　万1247889

这手牌该怎么打？

教学图3

观察可知：

当牌型走到这一步时，就应该有意识地培育这手牌，使其朝狭义7张无听牌型的牌型去发展，当进张出现下列情况时：

进任何一张筒子牌，都可以打掉1万；

进6筒，可在9筒或1万之间作选择；

进1万，退8万；

进2万，退1万；

进3万，视情况退1万或8万；

进4、5万，退8万；

进6、7、8、9万，退1万。

实战中，进了4筒，走向了广义7张无听牌型这条路径。

从上面的案例中我们看到，10张无听牌型在推进过程中，当条件不允许或进张不理想时，就只能朝广义7张无听牌型去发展了。一旦走在了这条路上，那就至少还要两次进张才能听牌。虽然这条路不是最优的路径，但是当客观条件不允许我们做出选择的时候，也只能接受现实。

既然来到了这条路上，那就尽可能地找出通向听牌的最优路线。关于这个问题的理论原理和技术打法，我将在中局打法里详细介绍。

下面用三个实战案例介绍10张无听牌型是如何向广义7张无听牌型推进的。

实战案例1

2024年元旦期间，亲朋好友聚会重庆，期间打的一手牌正好作为教学案例，写进本书里。这手牌刚刚打完条子就成为如下模样。做条子的对家开牌就暗杠9条，很大概率是朝清一色去发展，必须尽快听牌。

桌面情况：三家筒子，三家万子，两家条子。

筒124589　万1267889

实战图1

这是典型的无对子10张无听牌型。

只要摸进任何一个对子，如124589筒或12679万，都可以使这手牌朝狭义7张无听牌型发展，但是摸牌是不以人的意志为转移的。

实战过程：

摸7筒，退1筒。

牌型变为：

实战图1-1

牌型可分解为：

筒245 789　万12 678 89

筒245 789　万12 68 789

成为没有对子的广义7张无听牌型。既然牌型发展走上了这条路径，也只能尽可能地优化它，少走弯路。

接下来，摸1万，退2筒。

牌型变为：

实战图1-2

牌型可分解为：

筒45 789　万112 678 89

现已成为狭义7张无听牌型。

实战过程：

摸3筒，退2万。

牌型变为：

实战图1-3

现已听牌：胡7万。

接下来，桌面出现1万，碰牌后退8万。

牌型变为：

实战图1-4

重新听牌：胡6、9万。

最后结果：

自摸9万，关三家。

盘后点评：

此战完胜，归功于理论的正确指导。

实战案例2

　　2024年3月初的一个周末，友人来访。许久不见，相谈甚欢，随后邀老友数人在酒楼共进晚餐。饭后打牌娱乐。

　　下面这手牌是开局阶段，外面条子有一暗杠。

　　桌面情况：三家筒子，三家万子，两家条子。

　　筒1233689　万136689

实战图2

观察可知：

现在的6筒或9筒是多张；

进任何一张万子，都可以打掉6筒或9筒；

进1、2、3、4、5筒都可退9筒；

进6筒或9筒，退3筒；

进7筒，退3筒或9筒；

进8筒，退9筒。

上述进张都可以让这手牌朝狭义7张无听牌型去发展。但摸牌和碰牌都不以自己的意识为转移。

下一手，摸6万，退9筒，使这手牌走向了广义7张无听牌型。

牌型变为：

实战图2-1

牌型可分解为：

筒123 368 万13 666 89

成为没有对子的广义7张无听牌型。

接下来，摸6筒，退3筒。

牌型变为：

实战图2-2

牌型成为狭义7张无听牌型。

虽然比一开始就成为狭义7张无听牌型慢了一手牌，但这是客观现实，自己能做的就是不出错或尽量少出错，让手牌始终处在最优的路线上。

之后，碰6筒，退8筒。

牌型变为：

实战图2-3

成为四人抬轿。

实战过程：

摸2万，退9万。

牌型变为：

实战图2-4

终于听牌：胡7、8万。

现在已到尾盘后期。

最后结果：

上家打7万，成全我胡牌。紧接着下家清一色条子带根自摸。如果晚一手听牌或企图自摸，都将输个满牌。

盘后点评：

此战有惊无险，归功于理论的正确指导。

实战案例3

2024年3月的一个周末，和朋友郊外踏青。饭后打牌娱乐，其乐融融。下面这手牌是刚刚打完条子后形成的。

桌面情况：四家都做筒子和万子。

筒1125667   万124579

实战图3

这是有一个对子的10张无听牌型。

牌型可分解为：

筒1126 567   万124579

这牌型只要进3、6、8万，就可以打成狭义7无听牌型，但是梦想很多时候总被现实打脸。

实战过程：

下一手，1筒出现，碰牌后退2筒。

牌型变为：

实战图3-1

牌型可分解为：

筒111 567 6　万124579

这是典型的无对子广义7张无听牌型。

接下来，摸8筒，退1万。

牌型变为：

实战图3-2

实战过程：

摸8万，退2万。

牌型变为：

实战图3-3

牌型成了四人抬轿。

之后摸5筒，退6筒。

牌型变为：

实战图3-4

现已听牌：胡3、6万。

最后结果：

自摸3万，赢三家。

盘后点评：

此战完胜，得益于果断碰1筒。

此战说明，只要应对正确，广义7张无听牌型同样可以使你率先胡牌。

第三章　中局打法

中局就像四季中的夏天，是万物生长的主要季节，是万事万物争相竞争的博弈阶段。如何在这大好时光里，抓住机会，快马扬鞭，冲向胜利的顶峰？

中局的定义：当手上有两副成牌的时候就是中局的开始。

"7张无听牌型"的定义：手中的牌除去两副成牌，剩下7张牌就称为"7张无听牌型"。中局的所有奥秘都隐藏在这7张牌里。

学会本章的知识，在博弈中你一定会先别人一步听牌，抢先占领取胜的制高点，把牌桌上的主动权牢牢地掌握在自己手中。

第一节　狭义7张无听牌型的基本概念

7张无听牌型分两个大类：一类是狭义7张无听牌型，一类是广义7张无听牌型。

本节为大家介绍狭义7张无听牌型的基本原理和它的技术打法。

狭义7张无听牌型的特点是进张一次即可听牌。比如：

筒1134578　万111468　　→　　筒1178　万468

筒1145689　万111556　　→　　筒1189　万556

筒1145688　万111556　　→　　筒1188　万556

……

中局阶段，手上常常出现7张无听牌型，看似简单，其实不然，如果你懂得了其中的原理，知道了其中的奥秘，掌握了它的打法，一旦机会来了，你就会牢牢地抓住它，占领取胜的制高点。如果你不懂其中的原理，不知道它的打法，即便机会来到你的面前，你也抓不住它，丢掉了取胜的主动权。

7张无听牌型的打法有违常理，它颠覆了我们的认知习惯。

以下牌例没有考虑缩水理论。

【教学案例1】

下图要想进张一次就听牌，且机会数最大，应该怎么打？

教学图1：1个对子的狭义7张无听牌型

只能打掉对子的挨张3筒。223筒这么好的牌型，远远好过79筒和135万，却偏偏要拆掉，是不是太不可思议了？

但是，不这么打就不行。

【教学案例2】

下图要想进张一次就听牌，且机会数最大，应该怎么打？

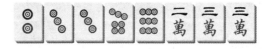

教学图2：2个对子的狭义7张无听牌型

233筒和233万比79筒的结构好得多，但是，再好也只能打2筒或者2万，这种打法是不是颠覆了我们传统的思维方式？

如果打掉的是79筒，那就不可能进张一次就听牌。

【教学案例3】

下图要想进张一次就听牌，应该怎么打？

教学图3：3个对子的狭义7张无听牌型

如果要做对子胡，那就打掉2筒或者2万。

如果要按最大机会数去打，那就拆掉其中一个有挨张的对子，要么拆3筒，要么拆3万。

第二节　狭义7张无听牌型的模型打法

狭义7张无听牌型的特点是进张一次即可听牌。

从数学上讲，这个牌型的结构是7张牌的组合，如何让这7张牌的组合满足进张一次即可听牌？这就是最优组合问题。

下面就来揭示这7张牌的奥秘。

一、数学原理

两张牌在什么情况下组合成一副成牌的机会数最大？

答案是显而易见的，那就是两头进张的顺子，如23，34……78等，其机会数J（双面顺）=8。

三张牌在什么情况下组合成两副成牌的机会数最大？

答案也是显而易见的，那就是一个对子加一个连张，如233，344……778等，这种组合称为挨张对，其机会数J（挨张对）=10。

这样的组合就是最佳的组合元素。

二、狭义7张无听牌型的最佳组合模型

以下探讨以两门花色为例，不考虑缩水理论。

1.1个对子

将1个挨张对和2个双面顺组合成如下牌型:

模型1:7张无听牌型1个对子最佳模型J(1个对子)=16

J(1个对子)=4×4=16

这是有1个对子的7张无听牌型的最佳组合模型。

注释:

图中的挨张对,两个双面顺,彼此间是相互独立的。

2.2个对子

将1个挨张对+1个孤对+1个双面顺组合成如下牌型:

模型2:7张无听牌型2个对子最佳模型J(2个对子)=20

J(2个对子)=6×4-4=20

这是有2个对子的7张无听牌型的最佳组合模型。

注释:

第一,图中的挨张对、孤对和双面顺,彼此是独立的。

第二,这个牌型的最大特点是其中一个对子必须是孤对。

根据这个特点,实战中当两个对子都有挨张的时候,必须要打掉其中一个对子的挨张,使其成为孤对,才能确保进张一次就听牌,且有最大机会数。这就是为什么要打掉其中一个对子挨张的数学原理。

第三,通常情况下,对子是不能拆打的。表面上看,拆掉其中一个对子似乎有最大机会数,其实不然;拆掉一个对子后,当进张为另一个对子,或其相邻张,或其他牌张时,牌型就不能成为狭义7张无听牌型。

3．3个对子

将1个挨张对＋2个紧密相连的孤对组合成如下牌型：

模型3：7张无听牌型3个对子最佳模型J（3个对子）=22

J（最优3对子）=7×4−6=22

这是有3个对子的7张无听牌型最佳组合模型。

注释：

通常情况下，2个对子不一定相连。如：

筒233　万23377

应该怎么打？

第一，如果整手牌有对子胡、暗7对或大胡的可能，那就打掉其中一个对子的挨张，成为有3个对子的标准模型。

第二，如果只考虑最大机会数，那就拆掉其中一个有挨张或有靠张的对子，牌型还原成有2个对子的7张无听牌型。这就是为什么"在通常情况下，有3个对子时，要拆掉其中1个对子"的数学原理。

上面的三个模型就是狭义7张无听牌型在1个对子、2个对子、3个对子情况下的最优组合模型。

三、7张无听牌型模型的案例分析

7张无听牌型模型的打法实战性很强，除了简单明了、方便快捷之外，还非常精准科学。使用这种模型打法有哪些问题需要注意？

下面将通过若干案例的学习来回答。

【教学案例1】

筒22355578　万135789

这是有1个对子的牌型，要想进张一次听牌，且有最大机会数，应该怎么打？

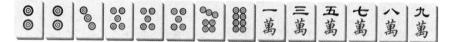

教学图1：有1个对子

牌型可分解为：

筒223 555 78　万135 789

结论：打掉对子的挨张3筒。

【教学案例2】

筒22355578　万223789

应该怎么打？

教学图2：有2个对子

牌型可分解为：

筒223 555 78　万223 789

结论：打掉对子的挨张3筒或3万。

【教学案例3】

筒22355588　万223999

应该怎么打？

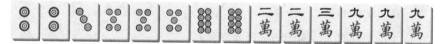

教学图3：有3个对子

牌型可分解为：

筒223 555 88　万223 999

有三个对子的情况下，有两种选择：

第一，做对子胡，不要求机会数最大，打掉其中一个对子的挨张。

第二，做基本胡，要求机会数最大，那就拆掉一个有挨张的对子。

注意：通常情况下，孤对是不宜拆的。

实战案例1

2022年3月的一个周末，我和朋友相约南山郊游，享受早春3月的温暖阳光和新鲜空气。中午在一个农家小院吃饭，之后打牌娱乐。下面这手牌是中局后期出现的，刚刚摸进1筒。三家都有杠牌，若不尽快听牌，后果不堪设想。

桌面情况：两家万子，三家筒子，三家条子。

筒111455　万11233578

现在应该怎么打？

实战图1

牌型可分解为：

筒111 455　万123 135 78

为了尽快听牌，并且有最大机会数，只能打掉4筒。这样打还有诱出1筒的作用，牌情的发展正是如此。

实战过程：

打4筒！

那一刻，有观战者说："打4筒呀？"显然不懂其中的奥秘。

牌型变为：

实战图1-1

实战过程：

4筒刚打出去，下家就跟出了1筒。

直杠后，摸进4万，退1万。

牌型变为：

实战图1-2

现已听牌：胡6、9万。

最后结果：

自摸9万，关三家。

盘后点评：

此战全胜，最关键的一招是打掉4筒。不仅诱出了1筒，而且摸进了4万，为后面的自摸创造了很好的条件。

实战案例2

2022年4月的一个周末，我和朋友郊外踏青。中午就在一个农家小院吃饭。4月的春天阳光明媚，户外打牌别有一番滋味。下面这手牌马上就要结束了，好不容易把牌做到了狭义7张无听牌型，外边已有一个牌手自摸离场了。另外两个牌手门前都有杠牌，必须尽快听牌，否则后果严重。

桌面情况：四家都做筒子和万子。

筒12234778　万223789

现在应该怎么打？

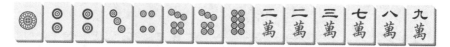

实战图2

牌型可分解为：

筒12 234 778 万223 789

为了尽快听牌，并且有最大机会数，只能在8筒和3万之间做选择。

实战过程：

打掉3万。

正是这张牌救了命。3万出去就被上家碰，碰牌后打出2万。真是太及时了，我赶紧叫碰，然后退8筒。

牌型变为：

实战图2-1

现已听牌：胡3筒。

此时牌墙上仅剩两张牌。

下家摸牌后插入手中的牌，然后打出2筒。下家边打边说："谢谢老天爷，这下终于有叫了。"

对家跟着说："哈哈，我该不会海底自摸吧？"

当下家打出2筒时，我果断叫碰，然后退1筒。之所以这么打，有两个原因：一是阻止对家摸最后一张牌，因为那天对家手气很好；二是1筒上一圈出现过，打出去安全。

牌型变为：

实战图2-2

重新听牌：胡2、5筒。

对家说："朱教授，你是故意不让我摸牌哟。"

我说："你今天手气太好，歇一歇吧。"

万万没有想到，下家摸最后一张竟然还是2筒，打出来就成全了我的海底炮带根胡。

下家说："朱教授，你不让他摸最后一张，却把我整惨了。"

我说："真是对不起，下次我请你吃饭。"

盘后点评：

此战，最后的海底炮带根胡的确打得好。

实战案例3

2024春节期间，亲友团聚，打牌娱乐。下面这手牌是中局阶段形成的。之前我打1条给上家，已经输了一个直杠分。

桌面情况：三家做筒子，三家做万子，两家做条子。

筒11455888　万345788

现在应该怎么打？

实战图3

牌型可分解为：

筒11 455 888　万345 788

这是有三个对子的狭义7张无听牌型，没有做大胡的可能性，于是拆掉5筒。一来保留两头进张的最大机会数，同时还有诱出8筒的可能性。

实战过程：

打5筒。

牌型变为：

实战图3-1

实战过程：

5筒打出的第二圈，8筒现身。直杠后摸6万，退8万。

牌型变为：

实战图3-2

已经听牌：胡3、6筒。

此时3筒早已被碰，6筒已经打现了两张。

之后，1筒现身，果断碰牌；然后打5筒。

牌型变为：

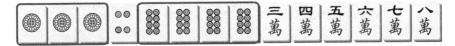

实战图3-3

重新听牌：单吊4筒。

之后摸2万，退4筒。

牌型变为：

实战图3-4

再次重新听牌：胡2、5、8万。

没想到，幸运之神再次光临。

接下来，摸1筒明杠，摸2筒打掉。

牌型变为：

实战图3-5

现在变成了双根听牌：胡2、5、8万。

最后结果：

自摸5万，赢三家。

盘后点评：

此战大捷虽然运气成分较重，但与一开始拆打5筒，诱出8筒有密切的关系；之后的两次改听，说明判断正确。

三、复合型狭义7张无听牌型

狭义7张无听牌型也存在复合型的牌型，称为复合型狭义7张无听牌型，简称复合型7张无听牌型。

复合型7张无听牌型是在普通7张无听牌型的基础上变化出来的，它的最大特征是不可能把两副成牌分离出来，甚至有可能不能把任何一张牌分离出来。

【教学案例1】

筒11245678　万45678

这是复合型7张无听牌型有一个对子，求其机会数大小。

教学图1

观察可知：

这手牌没有办法把两副成牌分解出来。

进3、6、9筒或3、6、9万，都可以听牌。

J（教学图1）=6×4－2=22

探讨：

当桌面上出现1筒时，碰不碰？

如果是上家打1筒，可以选择摸牌，听牌的机会还是比较大。如果碰牌，即便运气再好，也要晚一手才能听牌。

如果是其他牌手打1筒，应该会毫不犹豫地碰牌，然后打掉2筒。之后进：3、4、5、6、7、8、9的筒子或万子都可以听牌，J（2筒）＝14×4－10＝46。这么大的机会数，听牌非常容易。

【教学案例2】

筒334567　万2245678

求其机会数大小。

教学图2：复合型7张无听牌型有两个对子

观察可知：

这手牌没有办法把两副成牌分解出来。

进2、3、5、8筒或2、3、6、9万，都可以听牌。

J（教学图2）＝8×4－6＝26

【教学案例3】

筒334567　万2233456

求其机会数大小。

教学图3：复合型7张无听牌型有三个对子

观察可知：

这手牌也没有办法把两副成牌分解出来。

进2、3、5、8筒或1、2、3、4、7万，都可以听牌。

J（教学图3）＝9×4－8＝28

【教学案例4】

筒2233456　万455666

求其机会数大小。

教学图4：复合型7张无听牌型有三个对子

观察可知：

筒2233456　万455666

这手牌也没有办法把两副成牌分解出来。

进1、2、3、4、7筒或3、4、5、6、7万，都可以听牌。

J（教学图4）＝10×4－11=29

复合型7张无听牌型的机会数明显比普通的狭义7张无听牌型的机会数要大。因为复合型中的两副成牌不可能单独分解出来，甚至有可能连一张牌都不能够分离出来，比如上面的教学图2和教学图3。正所谓牵一发而动全身，实战中遇到这种牌型，要仔细观察，认真辨别。

实战案例1

2023年4月的一个周末，朋友一行相约南山郊游，最后在一个渔庄吃饭休闲打牌。机麻就在户外的池塘边，边打牌边欣赏美景。下面这手牌是在尾盘阶段出现的，刚刚摸进3筒；对家暗杠1条，清一色的可能性很大。若不尽快听牌，后果不堪设想。

桌面情况：三家做筒子，三家做万子，两家做条子。

我的牌型为：筒334456　万13567778。

应该怎么打？

实战图1

观察可知：

这是复合型的7张无听牌型，可选牌张有4筒、8万。

验证如下：

J（4筒）＝J（3筒、24679万）＝6×4－6=18

J（8万）＝J（235筒、247万）＝6×4－6=18

实战过程：

打8万。

接下来摸2万，退4筒。

牌型变为：

实战图1-1

现已听牌：胡3筒，4、7万。

最后结果：

自摸4万，赢三家。

盘后点评：

这手牌最后完胜，得益于一开始打掉8万。如果不小心把1万打掉了，那这手牌就完全打偏了，因为J（1万）＝J（235筒、47万）＝5×4－6=14。注意，打1万，进6、9万，成不了狭义7张无听牌型。

实战案例2

2023年6月的一个周末，朋友相约。娱乐中的一手牌，有分享的价值。开牌不久外面就有了两个暗杠，我必须尽快听牌。

桌面情况：两家做万子，三家做筒子和条子。

我的牌型也不错：筒334445 万34456677

现在应该怎么打？

实战图2

观察可知：

这是复合型的7张无听牌型，可选牌张有5筒、4万。

J（5筒）=J（34筒、2345678万）=9×4－13=23

J（4万）=J（2345筒、25678万）=9×4－11=25

虽然打4万，机会数大2，但在23~25这个数量级上，数值差2，差别是很小的。打5筒或许效果更好：进4筒，3、5万是龙7对听牌。

实战过程：

打5筒。

牌型变为：

实战图2-1

接下来摸的牌让人有点意外。

实战过程：

摸5万，退3万。

牌型变为：

实战图2-2

现已听牌：胡3、4筒，4、7万。

4个听，胡4筒还是龙7对。真是少有的好牌。

接下来的发展更让人兴奋，居然4筒自摸，关三家。

那一刻，观战者一片哗然：

"龙7对自摸，太厉害了。"

"朱教授，你今天是啥子手气哟！"

……

盘后点评：

实战收获这么大的战果，除了手气好之外，与一开始正确分析后，打掉5筒紧密相关。

实战案例3

这是一个读者咨询的一副牌。他说，当他摸进4万之后，发现牌型太复杂，完全不知道该怎么打。实战中他打了6万。

桌面情况：四家都做筒子和万子。

筒2245667　万3344456

现在应该怎么打？

实战图3

观察可知：

万子是一个深度复合的牌型，既可看成是有两个对子，又可看成是有三个对子，牌型比较复杂。可选牌张有2、6筒，3、4、6万。

验证如下：

J（2筒）＝J（358筒、347万）＝6×4－6＝18

J（6筒）＝J（23筒、23457万）＝7×4－8＝20

J（3万）=J（258筒、2457万）=7×4−7=21

J（4万）=J（258筒、235万）=6×4−6=18

J（6万）=J（258筒、2345万）=7×4−9=19

结论：打3万是最佳选择。

第三节　广义7张无听牌型

广义7张无听牌型同狭义7张无听牌型一样，是10张无听牌型在推进过程中的一个中继牌型，在第一章最后一节里，专门介绍过这个牌型的形成原理。

本节将为大家介绍广义7张无听牌型的基本概念和它的技术打法。

广义7张无听牌型分为两个大类：

一类是二阶广义7张无听牌型，指进张两次即可听牌的牌型。

一类是三阶广义7张无听牌型，指进张三次才能听牌的牌型。

一、二阶广义7张无听牌型

二阶广义7张无听牌型的特点是进张两次即可听牌。比如：

筒1234578　万111468　→　筒1278　万468

筒1145689　万133358　→　筒1189　万158

筒1123469　万133388　→　筒1169　万188

……

广义7张无听牌型的最佳推进路线有两条：

第一，狭义7张无听牌型。

第二，四人抬轿。

1．普通型二阶7张无听牌型

二阶7张无听牌型的特点是要进张两次才能听牌，所以它的操作难度肯定大于一阶听牌，这就要求牌手在推进的过程中，要保持头脑清醒，要有较强的观察力和逻辑判断力。

操作目标：一次性把牌型打成狭义7张无听牌型或四人抬轿。

通常采用以下三种方法：

微观判别法，挨张判别法，宏观计算法。

微观判别法的核心就是将研究对象两两组合，分别计算出它们机会数的大小，并从最弱项中找到组合能力最差的牌张。

挨张判别法是指当研究元素旁边加了一个挨张对之后，在大多数情况下，打掉对子的挨张，即打掉这个元素本身都是正确的。

宏观计算法就是将备选牌张进行逐一计算，然后根据计算结果，比对其机会数大小，找出机会数最大的牌张。

每种方法各有优劣，可根据牌型的实际情况和自己掌握的熟练程度采用不同的方法。一句话，适合自己的才是最好的。

【教学模型1】

没有对子的广义7张无听牌型：

教学模型1：无对子广义7张无听牌型

【教学模型2】

有一个对子的广义7张无听牌型：

教学模型2：一个对子广义7张无听牌型

【教学模型3】

有两个对子的广义7张无听牌型：

教学模型3：两个对子广义7张无听牌型

【教学案例1】

筒1244479　万247889

此牌型将如何发展？

教学图1

牌型可分解为：

筒12 444 79　万248 789

这是没有对子的二阶7张无听牌型。其发展有两条途径：

第一，进3、8筒或3万，成为四人抬轿。J（四人抬轿）＝J（38筒、3万）＝3×4＝12。

第二，进1、2、7、9筒或2、4、8万，成为狭义7张无听牌型。J（狭义7张无听牌型）＝J（1279筒、248万）＝7×4＝28。

第三，其他无效进张，推进过程更缓慢。

计算表明，走狭义7张无听牌型的可能性更大。

【教学案例2】

筒1257889　万1233469

这是二阶广义7张无听牌型，该怎么打？

教学图2

牌型可分解为：

筒12　58　789　万34　69　123

这是没有对子的二阶7张无听牌型。操作如下：

（1）微观判别法。

J（58筒）＝7×4−5＝23

J（69万）＝6×4−3＝21

计算表明，69万组合的机会数最小，其中9万的组合能力最弱。

结论：打9万。

（2）宏观计算法

筒1257889　　万1233469

J（8筒）＝J（35筒、23569万）＝7×4−6＝22

J（9万）＝J（3568筒、2356万）＝8×4−7＝25

结论：打9万。

【教学案例3】

筒1123369　　万1122259

这是二阶广义7张无听牌型，该怎么打？

教学图3

牌型可分解为：

筒123　13　69　　万11　59　222

操作方法如下：

（1）微观判别法。

J（69筒）＝6×4−2＝22

J（59万）＝7×4−2＝26

计算表明，69筒组合的机会数最小，其中9筒的组合能力最弱。

结论：打9筒。

（2）宏观计算法。

筒1123369　万1122259

J（9筒）＝J（245678、13456789万）＝14×4−6＝50

J（9万）＝J（2456789筒、134567万）＝14×4−9＝47

结论：打9筒。

【教学案例4】

筒1223558　万1233669

这是二阶广义7张无听牌型，该怎么打？

教学图4

牌型可分解为：

筒123 2558　万3669 123

操作方法如下：

（1）微观判别法。

J（28筒）＝8×4−5＝27

J（39万）＝8×4−5＝27

计算表明，两者组合的机会数相同，但9万明显最弱。

结论：打9万。

（2）宏观计算法。

筒1223558　万1233669

J（2筒）＝J（56789筒、1~9万）＝14×4−10＝46

J（9万）＝J（1~9筒、123456万）＝15×4−13＝47

结论：打9万。

实战案例1

2022年国庆期间，亲友聚会，聊天喝茶，打牌娱乐。下面这手牌，刚打完条子形成的。外面已有两个杠牌，必须尽快听牌。

桌面情况：三家做筒子，三家做万子，两家做条子。

筒1223589　万1223569

现在应该怎么打？

实战图1

牌型可分解为：

筒123 2589　万123 2569

这手牌是没有对子的二阶广义7张无听牌型。筒子89和万子56是有听牌型，需保留。这手牌其实就是比较25筒和29万。

J（25筒）＝7×4－5＝23

J（29万）＝7×4－5＝23

观察可知，打2筒将损失4筒的进张，所以只能考虑2万或9万。2万和9万只有作将牌才能成为狭义7张无听牌型，2万已有2张，9万只有1张，所以应该打掉2万。

实战过程：

打2万。

牌型变为：

实战图1-1

此时，进7筒或4、7万，可以打成四人抬轿；进2、4、5筒或9万，可以打成狭义7张无听牌型。

实战过程：

摸2筒，退9万。

牌型变为：

实战图1-2

现在成为狭义7张无听牌型。

之后，桌面上出现2筒，怎么打？

实战过程：

碰2筒，退5筒。

牌型变为：

实战图1-3

现在成为四人抬轿。

实战过程：

之后，摸9筒，退8筒。

牌型变为：

实战图1-4

现已听牌：胡4、7万。

最后结果：

自摸7万，关三家。

盘后点评：

此战收获颇丰，应归功于每一个环节的正确操作，缺一不可。由此可看出基础知识的重要性。

实战案例2

2023年五一节期间，亲友聚会。下面这手牌是中局阶段形成的。

桌面情况：三家做条子，三家做筒子，两家做万子。

筒455678　万23456899

刚刚摸进5万，应该怎么打？

实战图2

观察可知：

打掉8万，这就是一个复合型7张无听牌型。进3、5、6、9筒或1、4、7、9万，都可以听牌，J（实战图2）=8×4−6=26。

实战过程：

打掉8万。

牌型变为：

实战图2-1

这牌型进张很宽，听牌很容易。

实战过程：

摸8筒，退5筒，有诱出8筒的作用。

牌型变为：

实战图2-2

诱出打法在中后期阶段效果比较明显。

实战过程：

一圈之后，8筒果然现身，碰牌后，退7筒。

牌型变为：

实战图2-3

现已听牌：胡1、4、7万。

两家做万子，3个听，自摸的可能性非常大。

最后结果：

1万自摸，关三家。

盘后点评：

这手牌成功胡牌的主要原因是手气好，从广义7张无听牌型开始，摸进5万后，打掉8万，牌型成为复合型7张无听牌型，距离听牌更近一步。

摸8筒，打5筒，诱出效果较好。

实战案例3

2023年5月，朋友聚会，郊游南山。饭后在农家院独特的长廊里休闲打牌，别有一番趣味。下图是打完条子后的牌型。

桌面情况：四家都做筒子和万子。

筒158899　万12237899

现在应该怎么打？

实战图3

牌型可分解为：

筒15　8899　万29　123　789

这是二阶广义7张无听牌型。观察可知，打1筒只损失12筒的进张，打其他任何牌张都损失较大。建议读者用宏观计算法验证一下。

实战过程：

打1筒。

牌型变为：

实战图3-1

实战过程：

摸4万，退5筒。

牌型变为：

实战图3-2

可能是5筒的诱出效果，8筒很快出现。

碰牌后，退9万。

牌型变为：

实战图3-3

现已听牌：胡3万。

最后结果：

出乎意料的是摸8筒明杠，再摸3万，杠上开花，赢三家。

盘后点评：

此战完胜，主要是一开始打1筒，判断正确。如果一开始打掉的是2万，那结果就是天壤之别。

2．复合型二阶7无听牌型

二阶7张无听牌型也存在复合型，它的特点是机会数非常大。由于它是复合型，牌型分解困难或根本无法分解，所以在具体操作时，更要保持清醒的头脑和敏锐的观察力，以及很强的逻辑判断力。

操作目标：一次性把牌型打成狭义7张无听牌型或四人抬轿。如果进张不能满足这个条件，则此进张为无效进张。

通常采用的方法是宏观计算法。

【教学案例1】

筒2356789　万2468999

这是没有对子的复合型广义7张无听牌型，应该怎么打？

教学图1：无对子的复合型广义7张无听牌型

这手牌的推进目标是进张一次就必须打成狭义7张无听牌型或四人抬轿。打掉哪一张才能使其机会数最大？可选牌张：2、9筒和2、8万。

验证如下：

J（2筒）＝J（3456789筒、2345678万）＝14×4−10＝46

J（9筒）＝J（123458筒、2345678万）＝13×4−8＝44

J（2万）＝J（123456789筒、45678万）＝14×4−10＝46

J（8万）＝J（123456789筒、23456万）＝14×4−10＝46

结论：打2筒与打2、8万等价。

【教学案例2】

筒334788 万7999 条2334

这是三门花色有两个对子的复合型广义7张无听牌型，应该怎么打？

教学图2：三门花色有二个对子的复合型广义7张无听牌型

牌型可分解为：

筒334 788 万7 999 条3 234

根据有两个对子的狭义7张无听牌型模型，那就必须要打掉其中一个对子的挨张。观察可知，打掉7筒最好，因为334筒的辐射面更宽。

验算如下：

J（7筒）＝J（1234568筒、56789万、12345条）＝17×4−13＝55

J（3筒）＝J（256789筒、56789万、12345条）＝16×4−11＝53

J（8筒）＝J（234569筒、56789万、12345条）＝16×4−11＝53

J（4筒）＝J（356789筒、56789万、12345条）＝16×4−13＝51

打7万或3条的机会数差得太多，机会数只有46。

结论：打7筒最佳。

【教学案例3】

筒1134558 万234578

这是有一个对子的复合型广义7张无听牌型，求其机会数。

教学图3：复合型广义7张无听牌型

牌型可分解为：

筒11 3455 8　万2345 78

进1~9筒、1~9万都可以成为四人抬轿或狭义7张无听牌型。

J（教学图3）＝J（1~9筒、1~9万）＝18×4－13＝59

这是目前所知的广义7张无听牌型的最大机会数。

讨论：

第一，进1筒或6、9万，可打成四人抬轿，J（教学图3→四人抬轿）＝J（1筒、69万）＝3×4－2＝10。

第二，进2~8筒、1234578万，可打成狭义7张无听牌型，J（教学图3→狭义7无听）＝J（2~8筒、1234578万）＝15×4－11＝49。

计算表明：

此牌型走狭义7张无听牌型的可能性大得多。

【教学案例4】

筒1137　万234478　条2344

这是三门花色的二阶听牌，应该怎么打？

教学图4：三门花色的复合型广义7无听

牌型可分解为：

筒1137　万234 478　条234 4

这手牌打掉3筒有最大机会数：进156789筒、1234569万、1~6条都可以成为四人抬轿或狭义7张无听牌型。

J（3筒）＝J（156789筒、1234569万、1~6条）＝19×4－11＝65

讨论：

第一，进1筒和6、9万，可打成四人抬轿，J（教学图4→四人抬轿）＝J（1筒、69万）＝3×4－2＝10。

第二，进5~9筒、1~5万、1~6条，可打成狭义7张无听牌型，J（教学图4→狭义7张无听牌型）=J（5~9筒、1~5万、1~6条）=16×4-9=55。

计算表明：

此牌型走狭义7张无听牌型的可能性大得多。

【教学案例5】

筒1112378　万27　条12237

这是三门花色的二阶听牌，该怎么打？

教学图5：三门花色的二阶听牌

牌型可分解为：

筒11123 78　万27　条123 27

观察可知：筒子是复合型有听牌型，27万是无听牌型的最强组合，筒子和万子不能动；一眼便知2条最弱。

J（2条）=J（1469筒、1~9万、56789条）=18×4-6=66

对三门花色的二阶听牌来说，这手牌的机会数超级大。

实战案例1

2023年5月，老友聚会，饭后大家兴致颇高，就在饭店的茶楼打牌娱乐。此牌是"开战"的第一盘，条子打完就是下图模样。

桌面情况：三家做筒子，三家做条子，两家做万子。

筒1122378　万1367889

现在应该怎么打？

实战图1

牌型可分解为：

筒11223 78　万13 678 89

筒11223 78　万13 68 789

这是复合型广义7张无听牌型。需要快速把牌型打成狭义7张无听牌型
或四人抬轿。三个顺子单元67、13、89是不能拆的，唯一可拆的就是2筒：

J（2筒）＝J（146789筒、12356789万）＝14×4−11＝45

进69筒和29万，可成为四人抬轿。

进1478筒和135689万，可成为狭义7张无听牌型。

显然成为狭义7张无听牌型的概率大得多。

实战过程：

打掉2筒。

有观战者说："打2筒呀？"

牌型变为：

实战图1-1

接下来摸1万，退1筒。

有观战者说："没看懂。"

牌型变为：

实战图1-2

现在已经成为狭义7张无听牌型。

实战过程：

之后，摸9筒，退3万。

牌型变为：

实战图1-3

现已听牌：胡7万。

之后桌面上出现1万，碰牌后退8万。

牌型变为：

实战图1-4

重新听牌：胡6、9万。

最后结果：

自摸9万，赢三家。

事后有观战者说："朱教授，这牌不好打，你抽空给我讲讲。"

盘后点评：

此战完胜，主要得益于一开始打2筒，找准了方向。

实战案例2

2023年国庆期间，朋友聚会，饭后打牌娱乐。其中一副牌的打法很有借鉴之处，特记录如下。中盘阶段，刚刚摸进1筒。

桌面情况：四家都做筒子和万子。

筒1114899　万2337899

应该怎么打?

实战图2

牌型可分解为:

筒111 4899 万233 789 9

这是有两个对子的复合型广义7张无听牌型,估计很多牌手都会选择打4筒。

验证如下:

J(4筒)=J(6789筒、1~9万)=13×4−10=42

J(8筒)=J(234569筒、1~9万)=15×4−10=50

J(9万)=J(23456789筒、12345万)=13×4−7=45

结论:打8筒是最佳选择。

实战过程:

打8筒。

之后,摸5筒,退9万。

牌型变为:

实战图2-1

现已成为狭义7张无听牌型。

实战过程:

碰9筒,退2万。

牌型变为:

实战图2-2

现已听牌：胡3、6筒。

最后结果：

摸9筒明杠，再摸3筒，杠上开花，赢三家。

盘后点评：

此战大获全胜，主要归功于打8筒，使进张更多；倘若开始不小心把4筒打掉了，那结果就会有天壤之别。

实战案例3

2023年12月的一个周末，应邀参加一个饭局。饭后，主人安排打牌娱乐，观战者较多。其中一副牌有点"烧脑"，但很有学习借鉴之处。

桌面情况：三家做筒子，三家做条子，两家做万子。

我打完条子后牌型为：筒1127899 万1235889

此时桌面上3、4、5万各打现1张。

应该怎么打？

实战图3

牌型可分解为：

筒1129 789 万123 5889

这是二阶听牌的复合型广义7张无听牌型，可选牌张有：2、9筒和5、9万。

J（2筒）＝J（16789筒、3~9万）＝12×4-13＝35

J（9筒）＝J（1234筒、3~9万）＝11×4-10＝34

J（5万）＝J（12346789筒、6789万）＝12×4-10＝38

J（9万）＝J（12346789筒、345678万）＝14×4-11＝45

实战过程：

打9万。

有观战者私语："怎么打9万？"

"看错了吧。"

"没有看懂。"

之后摸4万，退9筒。

牌型变为：

实战图3-1

实战过程：

接下来摸6万，退2筒。

牌型变为：

实战图3-2

现已听牌：胡1筒、8万。

紧接着，8万出现。

考虑到此时刚进入中盘，还有充裕的时间，故碰牌后放飞1万；之前桌面上曾出现过1万。

牌型变为：

实战图3-3

重新听牌：胡1、4、7万。

最后结果：

明杠8万，再摸4万，杠上开花，关三家。

那一刻，观战者一片哗然。

事后有观战者问我，当初为何不打5万，而打9万。我说这是二阶听牌的广义7张无听牌型，你计算一下就清楚了。

问话者一脸茫然。

盘后点评：

此战大捷，主要有两个因素：

第一，一开始打9万，找准了方向；

第二，碰8万放飞1万是杠上开花的关键。

实战案例4

2024年元旦期间，亲友聚会，聊天打牌，各取所需。期间一副牌的机会数相当大，打得也很精彩，记录如下，以供欣赏。

桌面情况：两家做筒子，三家做万子和条子。外面三家门前都有杠牌，共计两个暗杠一个明杠。必须尽快听牌，否则要赔惨。

中盘阶段，刚刚打完条子。

筒2556799　万233478

实战图4

牌型可分解为：

筒25 567 99　万234 378

这是二阶听牌的复合型广义7张无听牌型，进1~9筒、1234569万，均可打成狭义7张无听牌型或四人抬轿。

J（实战图4）＝J（1~9筒、1234569万）＝16×4−11＝53

机会数如此之大，实属罕见。

实战过程：

摸2筒，退5筒。

牌型变为：

实战图4-1

那天上家手气特好。故当对家打出3万时，我叫了碰。

碰3万，退2万。

牌型变为：

实战图4-2

现在离听牌只差一步。

原本可碰可不碰的牌，为了阻止上家摸牌，采取了碰牌战术，上家也做筒子。正是这一碰，牌局发生了翻天覆地的大变化。

下家摸9筒，打9筒。

我碰牌后，退4万。

牌型变为：

实战图4-3

现已听牌：胡6、9万。

实战过程：

就在这一轮，对家摸2筒，打2筒。

我再次叫碰，然后打7万。还是为了阻止上家摸牌。

牌型变为：

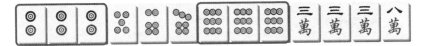

实战图4-4

上家说："你们故意不让我摸牌吗？"

我说："你今天太厉害了，休息两轮吧。"

重新听牌：单吊8万。

下一轮，摸8筒，退8万。

牌型变为：

实战图4-5

再次重新听牌：胡5、8筒。

此时，牌墙还剩5张牌，我还有最后一次摸牌机会。

奇迹真就在最后一次摸牌时出现了：摸上手的是2筒，明杠之后，杠起来的是8筒，海底杠上花！极品，赢三家。

盘后点评：

此战大胜，主要有三个因素：

第一，一开始摸2筒，退5筒，留下了碰3万的可能。

第二，果断碰3万，阻止上家摸牌。

第三，碰2筒，再次阻止上家摸牌。

实战案例5

2024年春节刚过完，这部分内容也刚刚写完。我受邀参加一个朋友的饭局，饭后在朋友的安排下切磋牌技，观战者甚多。

中局阶段牌型为：筒11122447　万123369

桌面情况：两家筒子，三家万子和条子。

应该怎么打？

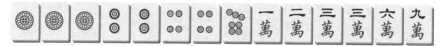

实战图5

牌型可分解为：

筒111　2244　7　万123　369

这是二阶复合型广义7张无听牌型，7筒不能打，可选牌张有3、6、9万。

J（3万）=J（2~9筒、4~9万）=14×4-10=46

J（6万）=J（2~9筒、12345789万）=16×4-10=54

J（9万）=J（2~9筒、1~8万）=16×4-10=54

结论：打6万与打9万等价。

如此大的机会数十分罕见。

此牌型也可使用微观判别法：

J（36万）=8×4-5=27

J（39万）=8×4-5=27

J（69万）=6×4-2=22

结论同样是打6万与打9万等价。

实战中选择了打9万。之后摸8万，退3万。

牌型变为：

实战图5-1

现在已成为狭义7张无听牌型，进1、4筒或7万，即可听牌。

实战过程：

摸3筒，退7筒。

牌型变为：

实战图5-2

牌型成了复合型四人抬轿。

实战过程：

接下来，又摸3筒，退6万。

牌型变为：

实战图5-3

现已听牌：单吊8万。

实战过程：

尾盘时摸进5筒，退8万。

牌型变为：

实战图5-4

重新听牌：胡2、3、5、6筒。

最后结果：

自摸6筒，关三家。

事后有观战者请教二阶听牌如何操作。

盘后点评：

此战全胜，得益于开始打9万，之后每一步都应对正确。

二、三阶广义7张无听牌型

三阶广义7张无听牌型的特点是进张三次即可听牌。比如：

筒147789　　万1157889　　→　　筒147　　万1158

筒258999　　万1233369　　→　　筒258　　万3369

筒111369　　万1477899　　→　　筒369　　万1479

……

三阶牌型的操作方法：

第一步，将牌型分解。

第二步，用微观判别法、挨张判别法快速锁定牌张。

第三步，用宏观计算法对结果进行验证。其实验证这一步是对计算结果信心不足的表现，当你熟练掌握这些方法后，验证就变得可有可无，而且这种验证是互相的，因为某些牌型可能更适合某种方法。

注意：

第一，三阶7张无听牌型的第一操作目标是把牌型打成二阶听牌或广义四人抬轿，因为广义四人抬轿和二阶听牌是等价的。

第二，由于三阶听牌的难度和不确定因素都较大，对这类牌型，只需要懂得它的基本概念和了解它的基本操作方法即可。

【教学案例1】

筒111257889　　万11259

桌面情况：四家都做筒子和万子。

这是三阶听牌的广义7张无听牌型，这是应该怎么打？

教学图1

牌型可分解为：

筒111 258 789 万112 59

1．挨张判别法

万子2、5、9原本打哪一张都一样，现在2万旁边增添11万，用挨张判别法的结论可以马上锁定2万。

2．微观判别法

J（25筒）＝7×4－6＝22

J（28筒）＝8×4－8＝24

J（58筒）＝7×4－5＝23

结论：打5筒。

3．宏观计算法

筒111257889　万11259

J（5筒）＝J（12346789筒、1~9万）＝17×4－13＝55

J（2万）＝J（1~9筒、13456789万）＝17×4－13＝55

结论：打5筒或2万等价。

可能很多读者不明白为何要打5筒？

表面上看，2筒8筒属于次级边张，且各自的资源已经占用了4个，而5筒是中张，自身的资源只占用了2个，为何不留下5筒？

注意：

这里不是单兵作战，是一个组合效率问题。258筒必须打掉一张，剩下两张牌的组合效率必须最大。5筒和28筒组合情况如何呢？无论和2筒组合还是和8筒组合，中间都有两个重复数：即34筒或67筒，共8张牌，资源浪费大，延伸性差。而28筒的组合没有重叠数，组合效率高很多。

【教学案例2】

筒11258999　万134458

桌面情况：两家筒子，三家万子。

应该怎么打？

教学图2：三阶听牌的广义7张无听牌型

牌型可分解为：

筒11258 999　万148 345

1．挨张判别法

筒子2、5、8原本打应该打5筒，现在2筒旁边增添11筒，用挨张判别法可以马上锁定打2筒与打5筒等价。

2．微观判别法

J（14万）＝6×4－5＝19

J（18万）＝7×4－3＝25

J（48万）＝8×4－5＝27

结论：打1万。

3．宏观计算法

筒11258999　万134458

J（2筒）＝J（13456789筒、1~9万）＝17×4－13＝55

J（5筒）＝J（12346789筒、1~9万）＝17×4－13＝55

J（8筒）＝J（1234567筒、1~9万）＝16×4－10＝54

J（1万）＝J（1~9筒、23456789万）＝17×4－13＝55

J（4万）＝J（1~9筒、1236789万）＝16×4－11＝53

结论：打2、5筒打1万等价。

【教学案例3】

筒13445899　万111269

桌面情况：一家独大做条子，进入中局阶段。

牌池情况是：2、3、5、7筒和3、4、7、8万各打现1张。

应该怎么打？

教学图3：三阶听牌的广义7张无听牌型

牌型可分解为：

筒345 14899 万111 269

1．挨张判别法

筒子1、4、8原本打应该打1筒，现在8筒旁边增添99筒，如果打掉8筒，可以给1筒和4筒增添99筒的机会数。但本例中1筒的组合能力太弱，即使增添一个机会数，仍然改变不了其弱势。

结论：打1筒。

2．微观判别法

J（14筒）＝6×4－5＝19

J（18筒）＝7×4－5＝23

J（48筒）＝8×4－7＝25

结论：打1筒。

J（26万）＝8×4－5＝27

J（29万）＝7×4－5＝27

J（69万）＝6×4－2＝22

结论：打9万。

3．宏观计算法

J（1筒）＝J（2~9筒、1~9万）＝17×4－13＝55

J（8筒）＝J（12345679筒、1~9万）＝17×4－13＝55

J（2万）＝J（1~9筒、456789万）＝15×4－10＝50

J（9万）＝J（1~9筒、1~8万）＝17×4－13＝55

结论：打1、8筒与打9万等价。

【教学案例4】

筒12235899　万255569

桌面情况：四家都做筒子和万子。

应该怎么打？

教学图4：三阶听牌的广义7张无听牌型

牌型可分解为：

筒123　25899　万269　555

1．挨张判别法

筒子2、5、8原本应打5筒，现在8筒旁边增添99筒，用挨张判别法可以马上锁定打5筒或8筒。

2．微观判别法

J（26万）＝8×4−5＝27

J（29万）＝7×4−5＝23

J（69万）＝6×4−5＝19

结论：打9万。

3．宏观计算法

J（5筒）＝J（12346789筒、1~9万）＝17×4−13＝55

J（8筒）＝J（12345679筒、1~9万）＝17×4−13＝55

J（6万）＝J（1~9筒、1234789万）＝16×4−10＝54

J（9万）＝J（1~9筒、12345678万）＝17×4−13＝55

结论：打5、8筒与打9万等价。

【教学案例5】

筒1127　万11222337　条27

这是三门花色的三阶听牌，不考虑暗7对，该怎么打？

教学图5：三门花色的三阶听牌

牌型分解为：

筒11 27 万112233 27 条27

J（2万）＝J（1~9筒、56789万、1~9条）＝23×4−7＝85

【教学案例6】

筒37 万377888999 条37

不考虑暗7对，这手牌该怎么打？

教学图6：三门花色的三阶听牌

牌型分解为：

筒37 万38 7788999 条37

观察可知，打8万有最大机会数。验算如下：

J（8万）＝J（1~9筒、123456万、1~9条）＝24×4−5＝91

对三门花色的三阶听牌来说，这手牌的机会数超级大。

实战案例1

2022年6月，老同学聚会，饭后聊天喝茶，打牌娱乐，各取所需。下面这手牌本人是庄家，开牌打出一张条子后就是这个模样。

筒11257889 万122359

桌面情况：四家都做筒子和万子。

刚刚摸进3万，应该怎么打？

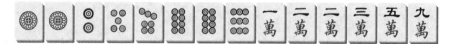

实战图1

牌型可分解为：

筒11258 789　万123 259

由于四家都做筒子和万子，这种情况下，不用在意手牌中哪种花色多一两张，关键是要找出组合最弱的那个元素。

筒子258原本应打5筒，现在2筒旁边增添了11筒，用挨张判别法可以马上锁定打2筒或5筒。万子259一眼就可看出应打2万。

验证如下：

J（2筒）＝J（13456789筒、1~9万）＝17×4－13=55

J（5筒）＝J（12346789筒、1~9万）＝17×4－13=55

J（2万）＝J（1~9筒、3456789万）＝16×4－11=53

实战过程：

打2筒。

牌型变为：

实战图1-1

实战过程：

摸7万，退2万。

牌型变为：

实战图1-2

接下来，摸4筒，退8筒。

之后，摸6筒，退5万。

牌型变为：

实战图1-3

现已听牌：胡8万。

最后结果：

居然8万自摸，赢三家。

盘后点评：

此战自摸，完胜三家，得益于每个阶段的准确判断。如果一开始不小心打掉9万，那机会数就差了一个数量级4。

实战案例2

2022年元旦前夕，老朋友相约在某酒店聚餐。饭后打牌娱乐，我和小张做搭档。下面这手牌是中局阶段形成的。对家开牌就暗杠1条，一家独大，必须尽快胡牌，否则后果很严重。

筒14445899　万123369

桌面情况：对家一人做条子。

刚刚摸进3万，应该怎么打？

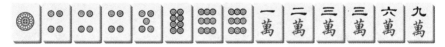

实战图1

牌型可分解为：

筒444 15899　万123 369

　　由挨张判别法可知，筒子1、5、8原本打哪张都一样，现在8筒旁边增添99筒，可以马上锁定打8筒。

　　实战过程：

　　打8筒。

　　牌型变为：

实战图1-1

　　小张对打8筒很不理解，那是后话。

　　实战过程：

　　之后，摸2筒，退9万。

　　牌型变为：

实战图1-2

　　9万出去就被上家碰，紧接着摸7万，退3万。

　　此时进入残局阶段。

　　牌型变为：

实战图1-3

　　现在已是狭义7张无听牌型。

　　实战过程：

　　摸8万，退5筒。

牌型变为：

实战图1-4

现已听牌：胡3筒。

紧接着，9筒出现，碰牌后退1筒。

牌型变为：

实战图1-5

重新听牌：胡2、3筒。

最后结果：

3筒自摸，关住三家。小张高兴惨了。

那一刻，对家说："真可惜，你们跑脱了，我这牌肯定会自摸，还以为能关你们三家。"说话间，对家果然清一色带根自摸，赢了上下两家。

盘后点评：

此战全胜，应归功于一开始的准确判断，如果不小心打掉1筒或9万，此牌型的结果将很难预料，后果大概率很严重。

【实战案例3】

2024年春节刚过完，一个读者请我解读一副牌，牌型如下。他说开局阶段，当自己摸进6万的时候，完全不知道应该怎么打了。

筒122359 万11256669

桌面情况：三家筒子，三家万子，两家条子。

应该怎么打？

实战图3

实战过程：

打9筒。之后摸7筒，退9万。之后摸8筒，退5筒。再之后摸2筒，退5万，出去放炮。接下来摸3万，退1万，出去又放炮。

结束前，又输了对家的条子清一色自摸。

他问我：打9筒对不对？9筒就是孤零零一个单张，怎么看都该打。

解读如下：

首先将牌型分解为：

筒123 259　万11259 666

筒子牌型一看就知道应打2筒。万子259原本打哪张都一样，现在2万旁边增添11万，用挨张判别法可以马上锁定打2万。

J（2筒）＝J（3456789筒、1~9万）＝16×4－11＝52

J（9筒）＝J（1234567筒、1~9万）＝16×4－13＝51

J（2万）＝J（1~9筒、13456789万）＝17×4－13＝55

J（5万）＝J（1~9筒、1234789万）＝16×4－10＝54

最不应该打的是9筒，而这个读者却偏偏打掉了9筒。

事实证明，一个牌技知识不全面的牌手，遇到这种有点难度的牌型，就很难有取胜的机会。

第四章 残局打法

　　残局阶段就像四季中的秋天，是丰收的季节。一年的辛苦付出，应该在这个时候获得回报。如何把握好这最后的时机，争取结出硕果？

　　残局的定义：当手上有三副成牌的时候就是残局的开始。

　　先谈一下书中关于"四人抬轿"的来历。

　　"四人抬轿"是民间的一种说法。我在研究中局打法的时候，用机会数的计算推演了"7张无听牌型"，当时准备叫"7张待听"。之后在研究残局打法（剩4张牌）的时候准备叫"4张待听"，正好与"7张待听"相对应。但最后定稿时考虑到四人抬轿这个民间说法更为读者所熟悉，所以选用了"四人抬轿"这个名称。

第一节 四人抬轿的基本概念

　　不要以为残局阶段只剩四张牌，应该特别简单。恰恰相反，麻将中的最大机会数就隐藏在复合型四人抬轿之中。残局阶段的所有奥秘也隐藏在其中，稍不留意取胜的机会就从你面前消失了。如果你懂得了其中的原理，知道其中的奥秘，掌握它的打法，一旦机会出现，你就能抓得住。如果你不懂其中的原理，不知道它的打法，即便机会来到你的面前，你也抓不住，反而错过了取胜的机会。

　　四人抬轿也有狭义和广义之分：

　　狭义四人抬轿是指进张一次即可听牌的牌型。

　　广义四人抬轿是指进张两次才能听牌的牌型。

从这些年读者的使用情况来看，四人抬轿的含义被广义化了，只要剩4张牌就统称为四人抬轿。对四人抬轿这种广义化的称谓我也认同，也乐意从广义化的角度去更深入地探讨它。因此本书中的四人抬轿就泛指狭义和广义这两种情况，以后不再做具体的说明。

狭义四人抬轿也分两个大类：

一类是普通型四人抬轿，简称四人抬轿。

另一类是复合型四人抬轿。

前者的特点是：最后的四张牌可以清清楚楚、明明白白地独立出来，牌型简单，计算简单，一看就知道结果。

后者的特点是：四张牌不能明明白白地分离出来，牌型复杂，计算量大，很多时候只有通过计算才能知晓答案。

第二节　四人抬轿的模型打法

为了在实战中又快又精准地操作四人抬轿，我们需要找到一种更为简单快捷又不失精准的打法，这个打法就是四人抬轿的模型打法。通过机会数的计算，本人找出了两个最具代表性的组合模型，分别为无对子模型和有对子模型。

一、 "四人抬轿"牌型的最佳组合模型

以下探讨以两门花色为例，不使用缩水理论。

1. 无对子模型

将二个双面顺组合成如下牌型：

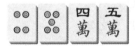

模型1：四人抬轿最佳顺子J = 28

J（无对子）＝8×4－4＝28

这是没有对子的四人抬轿最佳组合模型。

注释：

模型中如果是三门花色同样可以打成一阶听牌。

2．有对子模型

将一个对子＋两个异花中张组合成如下牌型：

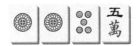

模型2：四人抬轿对子＋两个异花中张J＝40

J（1个对子＋两个异花中张）＝11×4－4＝40

这是有对子的四人抬轿最佳组合模型。

注释：

第一，对子和两个异花中张是相互独立的，这种情况下威力最大。因此在进行牌型分解时，尽可能地分解出一个对子，独立的更好。

第二，有对子的四人抬轿比没有对子的四人抬轿威力大得多。

二、四人抬轿模型的案例分析

四人抬轿模型打法实战性很强，牌型简单明了，方便快捷，而且科学精准。在使用模型打法的过程中有哪些问题需要注意？

下面将通过若干案例的学习来回答。

【教学案例1】

筒233467889　万22246

这手牌应该怎么打？

教学图1：分解图没有对子

牌型可分解为：

筒234 678 389　万222 46

筒234 368 789　万222 46

按模型1来套打，就应该打掉3筒。

验证如下：

J（3筒）＝J（56789筒、3456万）＝9×4－7＝29

结论：打3筒最佳。

【教学案例2】

筒1234578　万2345567

这手牌应该怎么打？

教学图2：分解图没有对子

牌型可分解为：

筒123 45 78　万2345567

筒12 345 78　万2345567

按模型1来套打，应该打2万或5万。

验证如下：

J（2万）＝J（123456789筒）＝9×4－7＝29

J（5万）＝J（123456789筒）＝9×4－7＝29

结论：打2万或5万等价。

讨论：

虽然牌楼中没有对子，但机会数比模型1还要大，这是什么原因？原因就在于筒子7张牌是复合型的牌型，不管进那张牌都可以听牌。可见，复合型四人抬轿，其威力是非常大的。

【教学案例3】

筒2235667　万1237889

这手牌应该怎么打？

教学图3：分解图有对子

牌型可分解为：

筒2236 567　万123 789 8

按模型2套打，观察可知：打6筒应该最佳。

验证如下：

J（6筒）＝J（123458筒、6789万）＝10×4－8＝32

J（3筒）＝J（245678筒、6789万）＝10×4－10＝30

J（8万）＝J（12345678筒）＝8×4－7＝25

结论：打6筒是最佳选择。

【教学案例4】

筒12337889　万233789

这手牌应该怎么打？

教学图4：分解图有对子

牌型可分解为：

筒123 789 38　万233 789

按模型2套打，可以马上锁定打2万。

验证如下：

J（8筒）＝J（12345筒、1234万）＝9×4－7＝29

J（2万）＝J（1~9筒、3万）＝10×4－10＝30

结论：打2万。

【教学案例5】

筒1233789　万233789　条2

这手牌应该怎么打？

教学图5：分解图有对子

牌型可分解为：

筒123 789 3　万233 789　条2

按模型2套打，可以马上锁定打2万。

验证如下：

J（2条）＝J（12345筒、1234万）＝9×4－7＝29

J（2万）＝J（12345筒、3万、1234条）＝10×4－7＝33

结论：打2万。

实战案例1

2022年8月，在重庆仙女山避暑期间，偶尔和亲友打牌消遣。下面这手牌是尾盘阶段出现的，上下两家分别有一个明杠，必须尽快听牌。

刚刚摸进4万：筒125677　万44456779

桌面情况：三家做万子，三家做筒子，两家做条子。

现在应该怎么打？

实战图1

观察可知：应打7筒。

牌型可分解为：

筒12 5677　万444567 79

马上就形成四人抬轿，既简单又快捷。验证如下：

J（1筒）＝J（247筒、8万）＝4×4－3＝13

J（7筒）＝J（123筒、4789万）＝7×4－8＝20

J（9万）＝J（347筒、47万）＝5×4－7＝13

结论：打7筒是最佳选择。

实战过程：

打7筒。

摸4万，打9万。

注意，此时已经尾盘，暗杠不是好选择，保持有听才是最重要的。

牌型变为：

实战图1-1

现已听牌：胡3筒。

最后结果：

下家打3筒成全了我的带根胡牌，把上下两家的明杠抵消。

盘后点评：

没有暗杠4万是明智的选择。尾盘阶段始终保持手牌有听很重要，如果暗杠4万可能会导致牌局结束时无听，风险太大，不可取。

实战案例2

2022年9月的一个周末，参加一个朋友的生日庆典。之后，在主人的热心安排下，几个好友就在酒店的棋牌室里打牌娱乐。下面这手牌是中局阶段，外面三家都有杠牌，必须尽快听牌，不然要当赔家。

桌面情况是：两家做筒子和条子，四家做万子。

筒23345567　万133455

现在应该怎么打？

实战图2

将牌型分解：

筒234567　35　万135　345

观察可知，打1万应该有最大机会数。

J（1万）＝J（筒1234568、万23456）＝36

J（5万）＝J（筒1234568、万1236）＝34

实战过程：

打掉1万。之后摸3筒，退5筒。

牌型变为；

实战图2-1

现已听牌；胡4万。

实战过程；

没想到下一手居然把3筒摸上手。

考虑片刻后打掉5万。

牌型变为；

实战图2-2

重新听牌：胡3、6万。

最后结果：

最后一圈摸牌时，6万自摸，赢两家。抵消杠牌还略有结余。

盘后点评：

本局能赢，主要在于做出了正确选择。

实战案例3

2023年4月的一个周末，朋友数人郊外踏青。午饭之后在农家小院的户外打牌。那天战绩不佳，最后一盘却出现了转机。

桌面情况：两家做筒子，三家做万子和条子。

筒111455689　万11124

现在应该怎么打？

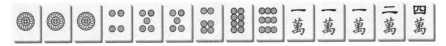

实战图3

牌型可分解为：

筒111456 589　万111 24

打掉5筒就是四人抬轿。

J（5筒）＝J（789筒、234万）＝6×4−4＝20

实战过程：

打掉5筒。

牌型变为：

实战图3

实战过程：

接下来，摸1筒暗杠，再摸7筒，打掉4万。

牌型变为：

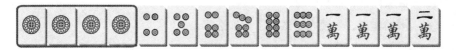

实战图3-1

现已听牌：胡2、3万。

之后桌面出现2万，放过；因时间还很充裕。

之后摸3筒，退2万。

牌型变为：

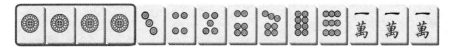

实战图3-2

重新听牌：胡3、6、9筒。

之后，桌面上先后出现3筒和9筒，全都放过。

最后结果：

3筒自摸，关三家。一手牌就把输掉的分全部赢回来了。

盘后点评：

此战完胜，首先得益于开始打掉5筒，形成四人抬轿。其次是审时度势，放小抓大，最后自摸赢三家。

第三节　复合型四人抬轿

什么是复合型四人抬轿?

复合型四人抬轿是指不可能把最后的四张牌单独地分离出来，它们和整个牌型是融合在一起的，有的是部分融合，有的是全部融合。

复合型四人抬轿是产生大级别机会数的牌型。

其特点：威力巨大，杀伤力极强。

复合型四人抬轿可以分为三个类型。

第一类：无对子型。

第二类：元素部分融合型。

第三类：元素全部融合型。

一、无对子型

这类牌型的特点是没有对子，分解出来的牌型中连一个重叠的数都没有。所以，看上去相对简单，其威力却十分巨大。

【教学案例1】

筒1234578　万234567

这手牌的机会数是多少？

教学图1：无对子复合型四人抬轿

观察可知：

进1、2、3、4、5、6、7、8、9筒，均可听牌。

J（教学图1）＝J（1~9筒）＝9×4−7＝29

【教学案例2】

筒12345789　万34567

这手牌的机会数是多少？

教学图2：无对子复合型四人抬轿

观察可知：

进1~6筒、2~8万，均可听牌。

J（教学图2）＝J（1~6筒、2~8万）＝13×4−10＝42

【教学案例3】

筒23456　万23456789

这手牌的机会数是多少？

教学图3：无对子复合型四人抬轿

观察可知：

进1~7筒、1~9万，均可听牌。

J（教学图3）＝J（1~7筒、1~9万）＝16×4−13＝51

由此案例可知，即便整手牌没有对子，在复合型的情况下，机会数依然可以很大。可见牌型一旦成为复合型，威力暴增。

【教学案例4】

筒12345678　万2345　条23

这手牌应该怎么打？

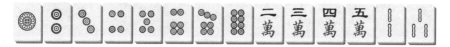

教学图4：无对子复合型四人抬轿

观察可知：

打掉2万或5万，有最大机会数。

进1~9筒、1234条，均可听牌。

J（教学图5）＝J（1~9筒、1~4条）＝13×4−10＝42

【教学案例5】

筒23456　万23456　条2345

这手牌应该怎么打?

教学图5: 无对子复合型四人抬轿

观察可知:

打掉2条或5条, 有最大机会数。

进1~7筒、1~7万, 均可听牌。

J (教学图4) = J (1~7筒、1~7万) = 14 × 4 − 10 = 46

实战案例1

2022年5月, 应邀参加一个朋友的生日聚会, 饭后聊天打牌各取所需。下面这手牌是开局阶段, 刚刚打完条子所形成的。

筒123346789　万34568

桌面情况: 三家做条子和万子, 两家做筒子。

现在应该怎么打?

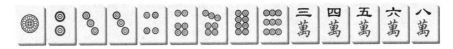

实战图1

观察可知:

这手牌是没有对子的复合型四人抬轿, 可选牌张有3筒或9筒。

J (3筒) = J (14569筒、3678万) = 9 × 4 − 7 = 29

J (9筒) = J (12345筒、3678万) = 9 × 4 − 8 = 28

实战过程：

打3筒。接下来，摸5筒，退8万。

牌型变为：

实战图1-1

现已听牌：胡3、6万。

实战过程：

之后摸1筒，退3万。

牌型变为：

实战图1-2

重新听牌：胡1、4、7筒。

最后结果：

自摸7筒，关三家。

盘后点评：

打3筒看似和打9筒只相差一个点。其实有的时候，差的不是一个点，而是差一手牌。如果当初打的是9筒，最后的结果可能就没有自摸。

实战案例2

2022年9月的一个周末，朋友聚会，饭后打牌娱乐。打的是重庆版的成都麻将（花色可不打缺，其他规则和成都麻将一样）。下面这手牌是结束前的倒数第4盘，刚刚摸进6万。按很多重庆人的约定，最后四盘要自摸或大番以上才能胡牌，目的是给输家翻盘的机会。

桌面情况：外面三家都有杠牌，必须尽快听牌。

筒23456 万23456 条4556

现在应该怎么打？

实战图2

打掉5条就是典型的无对子复合型四人抬轿。

实战过程：

打掉5条。

J（5条）=J（1~7筒、1~7万）=14×4-10=46

这么大的机会数，不愁下不了听。

接下来摸2万，退6万。

牌型变为：

实战图2-1

现已听牌：胡1、4、7筒。

当对家打出2万的时候，果断叫碰。

这牌从理论上讲，怎么也不应该碰，但那天上家手气很旺，碰牌的目的就是为了阻止他摸牌。

实战过程：

碰2万，退2筒。

牌型变为：

实战图2-2

或许正是因为碰牌，改变了桌面上的牌流情况。

当下一轮对家打出4万的时候，上家又准备伸手摸牌之际，我的下家也叫了碰。上家说："你们成心不让我摸牌吗？"

对家说："你莫怪我，都是朱教授开的头。"

此时牌局马上就要结束了。

又过一轮，上家上家摸牌后说："我也来打生张，不让教授摸牌。"说完，打出2条！我的对家果然喊碰。

上家高兴惨了："教授也遭上家了。"

接下来，上家摸牌后又打出一张2条。

我说："还有没有人碰牌？没人碰的话，我就自摸哟。"结果，没人应答。我伸手摸牌，居然是2万。明杠是必须的。

我说："这下肯定是杠上开花了。"

没想到一语成谶，杠起来的果真就是6筒。杠上开花，关三家。

此时，下家和对家一起怒怼上家："你真的是太'霉'人了，你惹的祸，你自己去给。"

上家说："啷个是我惹的祸嘛，教授要打杠上花，没得法。"

说来真是奇怪，自从这把牌之后，接下来连续三盘都是上家一个人输。

实战案例3

2023年5月受邀参加一个饭局，原来是朋友约了朋友切磋牌技。那天打牌，观战者较多。下面这手牌是打完条子后形成的。

桌面情况是：两家做筒子，三家做条子和万子。

筒111245678　万45678

刚刚摸进1筒，应该怎么打？

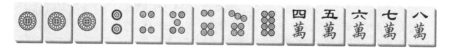

实战图3

选择打掉2筒，成为无对子的复合型四人抬轿。

筒45678　万45678

J（4筒）＝J（3~9筒、3~9万）＝14×4－10＝46

实战过程：

打2筒。

没想到下一手又摸2筒，依然打掉。之后摸3万，退4筒。

牌型变为：

实战图3-1

连续打出224筒，对诱出1筒起到了很好的作用。

实战过程：

打掉4筒后，1筒现身，杠牌之后摸7筒，打掉8筒。之所以这么打，因为之前4筒出去没有人碰，现在重新听牌4、7筒更具隐蔽性。

牌型变为：

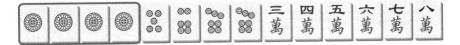

实战图3-2

最后结果：

4筒自摸，赢三家。

和我做同样花色的对家说："你还要4筒？"

我说："杠牌后重新听牌。"

对家："这牌就该你胡，即便你不自摸，我这4筒马上也要打。"

盘后点评：

此战完胜应归功于打牌过程中的正确判断。连续打出224筒，诱出了1筒。杠牌后重新听牌47筒，更具隐蔽性。

二、部分元素融合型

这类牌型数量极多，其特点是：

第一，有部分元素可以分离出来。

第二，牌型很复杂，计算量很大。

第三，机会数巨大，杀伤力极强。

【教学案例1】

筒2344456　万3444667

这手牌应该怎么打？

教学图1：对子＋异花中张复合型四人抬轿

牌型可分解为：

筒234456 4　万3667 444

根据模型2理论，对子＋异花中张，其机会数最大。这手牌应该在3、7万之间作选择。

验证如下：

J（3万）=J（1234567筒、56789万）=12×4−10=38

J（7万）=J（1234567筒、123456万）=13×4−13=39

结论：打7万是最佳选择。

【教学案例2】

筒3445667　万3455567

这手牌应该怎么打？

教学图2：对子＋异花中张复合型四人抬轿

这手牌的筒子分解至关重要，关键是要分解出一个对子来。在这个问题上，很多牌手在筒子牌型的分解上感到无从下手。

牌型可分解为：

筒456 3467　万5 345 567

筒567 3446　万5 345 567

筒345 4667　万5 345 567

根据模型2理论，对子＋异花中张，机会数最大。

第一个分解式没有对子，原则上就应该淘汰。

后两个分解式有对子，应该保留。由对称关系一看便知，打4筒或6筒是等价的，机会数应该相等。

验证如下：

J（4筒）＝J（2356789筒、2345678万）＝14×4－12＝44

J（6筒）＝J（1234578筒、2345678万）＝14×4－12＝44

结论：最佳选择是打4筒或6筒。

【教学案例3】

筒222346789　万35558

这手牌应该怎么打？

教学图3：对子＋异花中张复合型四人抬轿

牌型可分解为：

筒222 34 6789　万555 38

筒22 234 6789　万555 38

根据模型2理论，对子＋异花中张，其机会数最大。所以应该选择第二个分解式，可选牌张有69筒和38万。

验证如下：

J（6筒）＝J（25筒、1~9万）＝11×4－8＝36

J（9筒）＝J（25筒、1~9万）＝11×4－8＝36

J（3万）＝J（1~9筒、6789万）＝13×4－13＝39

J（8万）＝J（1~9筒、12345万）＝14×4－13＝43

结论：打8万是最佳选择。

【教学案例4】

筒11456　万3456　条3456

这手牌的机会数是多少？

教学图4：三门花色

观察可知：

这手牌进任何1筒子、1~8万、1~8条，都可以听牌：

J（教学图4）＝J（1筒、1~8万、1~8条）＝17×4－10＝58。

【教学案例5】

筒114567　万2345678

这手牌的机会数是多少？

教学图5：两门花色最大机会数

观察可知：

这手牌进任何一张筒子或万子，都可以听牌。

J（教学图4）＝J（1~9筒、1~9万）＝18×4－13＝59

这是笔者目前所找到的两门花色的最大机会数。

【教学案例6】

筒444556　万12337789

这手牌应该怎么打？

教学图6：对子＋异花中张复合型四人抬轿

牌型可分解为：

筒444 556　万37 123 789

筒456 445　万37 123 789

这手牌的可选牌张有5、6筒和3、7万。

J（5筒）＝J（47筒、1~9万）＝11×4−11＝33

J（6筒）＝J（5筒、1~9万）＝10×4−10＝30

J（3万）＝J（345678筒、56789万）＝11×4−10＝34

J（7万）＝J（345678筒、12345万）＝11×4−10＝34

结论：打3万或7万。

【教学案例7】

筒444555667　万3456　条5

这手牌应该怎么打？

教学图7：对子＋异花中张复合型四人抬轿

观察可知：

可选牌张有6、7筒和5条。

验证如下：

J（6筒）＝J（58筒、12345678万、34567条）＝15×4−8＝52

J（7筒）＝J（36筒、12345678万、34567条）＝15×4−7＝53

J（5条）＝J（3456789筒、12345678万）＝15×4−13＝47

结论：打7筒。

【教学案例8】

筒222334789　万25557

这手牌应该怎么打？

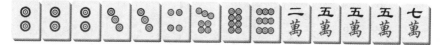

教学图8：分解图有对子

观察可知：筒子是复合型。

牌型可分解为：

筒222　334　789　万555　27

筒223　234　789　万555　27

套用模型打法，应打4筒或3筒。

验证如下：

J（4筒）＝J（3筒、123456789万）＝10×4−7＝33

J（3筒）＝J（25筒、123456789万）＝11×4−8＝36

结论：打3筒是最佳选择。

【教学案例9】

筒23345667　万135678

这手牌应该怎么打？

教学图9：分解图有对子

牌型可分解为：

筒234 567 36　万135678

可选牌张有：36筒和158万。

验算如下：

J（3筒）=J（6筒、12458万）=6×4−5=19

J（6筒）=J（3筒、12458万）=6×4−5=19

J（1万）=J（134568筒、4万）=7×4−6=22

J（5万）=J（134568筒、2万）=7×4−6=22

J（8万）=J（134568筒、2万）=7×4−6=22

结论：打1、5、8万等价。

【教学案例10】

筒1223445667　万1234

这手牌应该怎么打？

教学图10：分解图有对子

牌型可分解为：

筒123 2446 567　万1234

可选牌张有2、6筒和1万。

验证如下：

J（2筒）=J（145678筒、123456万）=12×4−11=37

J（6筒）=J（12347筒、123456万）=11×4−11=33

J（1万）=J（12345678筒）=8×4−10=22

结论：打2筒。

下面这手牌让我印象深刻，许久之后，依然是满满的自豪感。

2024年1月20日，朋友聚会，饭后打牌娱乐，观战者众多。下面这手牌我是庄家，中盘时碰了9条，手中牌型为：

万4556778　条1567999

对家已碰9万，2、7、8万和3条各打现1张。

桌面情况：三家做筒子，三家做万子，两家做条子。

刚刚摸进1条，应该怎么打？

实战图1

实战过程：

打7万！

那一刻，观战者皆惊："打错了！"

显然，观战者认为应该打1条。是否打错，分析一下就清楚了。

先将牌型分解为：

万678 4557条1 567 999

万456 5778条1 567 999

可选牌张有5、7万和1条。一看便知，打7万最好。

J（5万）＝J（346789万、123条）＝9×4－6＝30

J（7万）＝J（2345689万、123条）＝10×4－6＝34

J（1条）＝J（23456789万）＝8×4－6＝26

这是根据自己手牌的计算结果，扣除桌面上的明牌数，则有：

J（5万）＝30－6＝24

J（7万）＝34－6＝28

J（1条）＝26－6＝20

显然打7万是最佳选择，最不应该打的就是1条。

下一手，摸2条，退4万。

牌型变为：

实战图1-1

现已听牌：胡3条。

最后结果：

之后，摸9条明杠，再摸3条，杠上开花，赢三家。

盘后点评：

这手牌以杠上开花的形式完美收官，完全是因为当初打7万的正确选择。如果当时一不小心把1条打掉了，那就错失了取胜的机会。

实战案例2

2023年10月的一个周末，和朋友相约户外郊游。中午在一家较有特色的餐馆吃饭，之后休闲打牌，人多接下。下面一手牌，刚好我轮空，观看一个叫三哥的朋友打牌。其将条子打完之后牌型如下：

筒122235678　万5678

桌面情况：两家做万子，三家做筒子和条子。

实战图2

观察可知：

现在这手牌进1~9筒、3~9万，均可听牌。

J（实战图2）＝J（1~9筒、3~9万）＝16×4－13＝51

如此大的机会数，听牌不成任何问题。

接下来的情况让人哭笑不得。

实战过程：

三哥摸3筒，退1筒。

牌型变为：

实战图2-1

1筒出去，桌面平静。

下一轮，三哥摸4筒，退8万。

牌型变为：

实战图2-2

现已听牌：胡1、3、4、6、9筒。

三哥高兴惨了："我这牌肯定要自摸。"

我说："你这牌早就应该是自摸了。"

三哥说："没有呀，这不刚下叫吗？"

说话间，三哥果然9筒自摸了。然后追问我是怎么回事。

我说："你第一次摸3筒时就应该退8万，4筒就是自摸。"

三哥马上复牌，果真如此，说："真是越活越傻了，叫都看不清了。"

有人说："你自摸关三家，还说自己傻？"

这是后话。

阅读到此，不知你有何感慨。你犯过这样的错误没有？如果第二次没有自摸，那就亏大了。

实战案例3

　　2022年国庆期间，亲友聚会，期间打了一场重庆版的成都麻将。规则与成都麻将相同，唯一的区别就是花色可以不打缺。下面这手牌原本打算做清一色，结果筒子进张不理想，尾盘阶段刚刚摸进3条，牌型如下：

　　筒233444555　万4567　条3

　　应该怎么打？

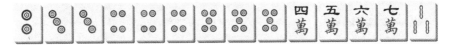

实战图3

　　观察可知：

　　打2筒，留下3条有最大机会数。

　　J（2筒）＝J（36筒、23456789万、12345条）＝15×4－7=53

　　如此巨大的机会数的确很少见。

　　实战过程：

　　打掉2筒。

　　接下来摸2条，退7万。

　　牌型变为：

实战图3-1

　　现已听牌：胡1、4条。

　　之后桌面出现5筒，杠牌后摸7万打掉。

　　牌型变为：

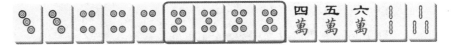

实战图3-2

依旧听牌1、4条。

最后结果：

1条自摸，赢三家。

盘后点评：

这手牌完胜应归功于当初的摸3条退2筒。如果看不出这手牌是复合型四人抬轿和其中的奥秘，随手打掉3条的话，那就亏到天边去了。

实战案例4

2023年3月初的一个周末，朋友相约，郊游南山。上午郊游，下午打牌。开战的第一手牌，打得心花怒放，有较强的学习参考价值。

中局阶段，本人牌型为：

筒34456778　万114567

桌面情况：两家做筒子，三家万子，三家做条子。

应该怎么打？

实战图4

观察可知：万子复合型，根本不能动，只能动4筒或7筒。

牌型可分解为：

筒345678 47　万11 4567

用模型套打，可选牌张有：4、7筒。

验证如下：

J（4筒）=J（256789筒、1~9万）=15×4-11=49

J（7筒）=J（234569筒、1~9万）=15×4-11=49

J（4万）=J（2~9筒、1万）=9×4-10=26

J（7万）=J（2~9筒、1万）=9×4-10=26

实战过程：

打7筒。

牌型变为：

实战图4-1

实战过程：

摸4筒，退7万。

牌型变为：

实战图4-2

已经听牌：胡4筒、1万。

实战过程：

桌面出现1万，碰牌后放飞3筒。

如果就此胡牌，说明机会数理论应用不够好。

牌型变为：

实战图4-3

重新听牌：胡3、5、6、8、9筒。

之后，三家均有放炮，通通放过。

最后结果：摸1万明杠，再摸3筒，杠上开花。

众人皆曰："教授，你这么整，还想不想我们跟你玩？"

盘后点评：

此战大获全胜应归功于机会数理论的指导。

三、全部融合型

这类牌型的特点：

第一，所有元素全部融合，一张都不可分离出来。

第二，牌型很复杂，计算量很大。

第三，机会数巨大，杀伤力极强。

【教学案例1】

筒23334445　万34567

这手牌的机会数是多少？

教学图1：对子＋异花中张复合型四人抬轿

观察可知：

这手牌没有任何一张可以分离出来。

筒子进1~6，万子进2~8，都可以听牌。

J（教学图1）＝J（1~6筒、2~8万）＝13×4−13＝39

【教学案例2】

筒223345　万2345678

这手牌的机会数是多少？

教学图2：对子＋异花中张复合型四人抬轿

观察可知：

筒子进1~6，万子进1~9，都可以听牌。

J（教学图2）＝J（1~6筒、1~9万）＝15×4－13＝47

【教学案例3】

筒22234　万3456　条3456

这手牌的机会数是多少？

教学图3：对子＋异花中张复合型四人抬轿

观察可知：

筒子进25，万子和条子分别进1~8都可以听牌。

J（教学图3）＝J（25筒、1~8万、1~8条）＝18×4－11＝61

机会数很大。

【教学案例4】

筒222333445　万3456　条3

这手牌应该怎么打？

教学图4：对子＋异花中张复合型四人抬轿

观察可知：

这是全部融合的复合型四人抬轿，万子牌型的复合型很强，两端辐射面宽，肯定不能拆。可选牌张有：3条和4、5筒。

验证如下：

J（3条）＝J（1234567筒、12345678万）＝15×4－13＝47

J（4筒）＝J（36筒、1~8万、12345条）＝15×4－8＝52

J（5筒）＝J（14筒、1~8万、12345条）＝15×4－7＝53

结论：打5筒。

实战案例1

2023年10月长假期间，亲友聚会，期间小白拿了一手牌，琢磨了一阵之后，叫我帮忙看看。刚打完条子就形成了一个复合型四人抬轿。

筒334456　万2334456

桌面情况：四家都做筒子和万子。

实战图1

观察可知：

这是一手完全融合的四人抬轿。

进2~7筒、1~8万，均可听牌。

J（实战图1）＝J（2~7筒、1~8万）＝14×4－13＝43

实战过程：

小白摸5筒，我叫其退6万。

牌型变为：

实战图1-1

现已听牌：胡3、6筒。

看似小胡，却暗藏7对的可能。

实战过程：

之后，小白摸5万，退2万。

牌型变为：

实战图1-2

依然听牌3、6筒。

但现在若胡了6筒，那就是暗7对。

最后结果：

两圈之后，小白6筒自摸，赢三家。

众人皆说他是"黄棒手硬"。

盘后点评：

此战完胜主要归功于摸5筒打6万。

实战案例2

2024年1月，参加一个朋友的生日聚会，气氛热闹非凡。之后在酒楼打牌娱乐，人多接下，观战者众多，小田老师邀我做搭档。

桌面情况：打重庆版的成都麻将（可以不打缺），开牌对家就碰3万。

两圈以后小田的手牌为：

筒223456　万4567889

实战图2

这是全部融合的复合型。

进12345678筒或36789万，都可以听牌。

实战过程：

下一手，小田摸2条，正准备打，我赶紧制止，叫其打8万。

牌型变为：

实战图2-1

打8万，留2条，观战者无一人赞同。

我说："等会打完了，再来解读。"

接下来，小田摸1条，退6筒。

牌型变为：

实战图2-2

已经听牌：胡3条。

下一圈，对家暗杠1筒，打出3条，点了小田的杠上炮。

解读如下：

打2条：J（2条）＝J（12345678筒、36789万）＝13×4－14＝38

打8万：J（8万）＝J（12345678筒、1234条）＝12×4－7＝41

解读完毕，众皆恍然大悟。

众人皆曰："朱教授，留2条这种打法，恐怕只有你才想得到。"

盘后点评：

此战获胜，完全是复合型理论的指导。

第四节　广义四人抬轿

什么叫广义四人抬轿？

广义四人抬轿是指进张两次才能下听的牌型。

从这个定义不难看出，广义四人抬轿的四张牌应该是非常差的，需要两次进张才能听牌。最差的情况莫过于下面的牌型：

【教学案例1】

筒19　万19

这是牌型最差的广义四人抬轿。

教学图1：最差广义四人抬轿

应该怎样操作？

首先要把这个牌型打成有听牌型，其机会数是：

J（教学图1）＝J（123789筒、123789万）＝12×4－4＝44

机会数如此之大，有点出乎意料。假定下一手摸进1筒，退9筒。

牌型变为：

教学图1-1：进张一次可听牌

现在，进1筒或1、2、3、7、8、9万，均可听牌。

J（教学图1-1）＝J（1筒、123789万）＝7×4－4＝24

由上面的计算可知：

即便在四张都是幺九的情况下，听牌也并不困难。

【教学案例2】

下面这两手牌是《麻将"机会数"理论与实战》书中出现的。

牌型1：筒12236778　万45569

教学图2-1

牌型可分解为：

筒123　678　27　万59　456

牌型2：筒12337789　万17889

教学图2-2

牌型可分解为：

筒123　789　37　万18　789

这两手牌都是二阶听牌的广义四人抬轿，当时用单张牌理论判断了这两手牌的好坏程度一样。现在我们来看一看，要把这两手牌打成一阶听牌，它们的进张情况如何，结合原图可知：

教学图2-1：进1~9筒、3456789万

教学图2-2：进1~9筒、1236789万

上述进张分别可以使这两手牌成为狭义四人抬轿。

J（教学图2-1）＝J（1~9筒、3456789万）＝16×4−13＝51

J（教学图2-2）＝J（1~9筒、1236789万）＝16×4−13＝51

结论：教学图2-1和教学图2-2是等价的。

实战案例1

2022年10月的一个周末，朋友相约郊游滨江路，饭后打牌。下面这手牌已是尾盘阶段，外面的2筒和2条都已暗杠，必须尽快听牌。

桌面情况是：两家做筒子，三家做条子和万子。

筒1114 7899　万122359

应该怎么打？

实战图1

牌型可分解为：

筒111　789　49　万123　259

这是二阶听牌的广义四人抬轿。问题是2、5、9万应该打哪张？

$J(25万)=J(1234567万)=7\times4-5=23$

$J(29万)=J(1234789万)=7\times4-5=23$

$J(59万)=J(3456789万)=7\times4-3=25$

计算表明，应该保留5、9万。

实战过程：

打2万。

下一手摸7万，退4筒。

牌型变为：

实战图1-1

尾盘阶段，4筒的出现起到了很好的诱出作用。

实战过程：

1筒紧跟着出现，直杠后摸8万，退5万。

牌型变为：

实战图1-2

现已听牌：胡6、9筒。

最后结果：

6筒自摸，赢了两家。

盘后点评：

此战取胜得益于一开始打掉2万，判断正确。

实战案例2

2023年4月，和亲友数人郊外踏青。上午郊游，下午休闲打牌。下面这手牌是刚刚打完条子后形成的。

筒11257889　万12237

桌面情况：两家做万子，三家做筒子和条子。对家做万子和条子，门前碰了1万，做万子清一色的可能性很大。3、4筒各打现1张。

实战图1

接下来碰1筒，现在应该怎么打？

牌型可分解为：

筒111　258　789　万123　27

万子27是无听牌型的最强组合之一，肯定不能动，只能在筒子258中做选择，可用机会数的微观判别法作出决定。

验证如下：

J（25筒）=7×4−8=20

J（28筒）=8×4−10=22

J（58筒）=7×4−7=21

结论：应打5筒。

实战中选择了打5筒！

牌型变为：

实战图1-1

接下来，下家摸牌后打8筒。

我果断叫碰，然后打出9筒。

碰牌的目的是阻止对家摸牌。因为对家做清一色的可能性很大，此其一；那天对家手气旺，应尽可能地减少他摸牌的机会，此其二。

牌型变为：

实战图1-2

这是典型的广义四人抬轿。

之后摸8万，退2筒。

牌型变为：

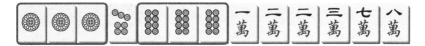

实战图1-3

实战过程：

摸6万，退7筒。

牌型变为：

实战图1-4

现已听牌：胡2万。

之后摸5万，退2万。

牌型变为：

实战图1-5

重新听牌：胡5、8万。

2万出去，对家碰。

对家边碰边说："教授，你早点打2万嘛。"

下家说："早点打给你，你早点下叫，想自摸关我们三家？"

对家说："现在也有希望关你们三家哟。"

对家思考后，打出8万。

我喊胡牌的那一刻，对家说："教授，你跑了？太狡猾了。"

下篇

第五章　缩水理论

本人早在2016年就开始研究"缩水"这个课题，并将研究成果阐述在2017年出版的《麻将理论与实战打法》一书的第三章中，只不过当时没有把这项研究叫做"缩水理论"，而是称为"顺子和对子的牌型研究"。随着时间的推移和研究的深入，我的理论研究日趋成熟，并取得一定的研究成果。

本章将为大家详细介绍这项研究成果。

第一节　缩水理论的基本概念

什么叫缩水理论？

我们以顺子78万和对子22万为例，按照传统观念的理解，顺子78万的机会数是8，对子2万的机会数是2。很明显，顺子78万的进张多得多，其机会数比对子22万的机会数大得多，整整大4倍。

但是，这仅仅是理论上的数值。实战过程中，顺子78万和对子22万的理论值8和2并非你一个人独享，而是由四个人同时分享。所以它们的实际数值都会大幅度地减小，即大幅度地贬值。

这种现象就叫缩水，研究这个现象的理论就叫缩水理论。

由于顺子牌只能靠摸牌成副（成都麻将规则不允许吃牌），所以其理论值缩水特别严重。对子牌虽然也要缩水，但是，由于对子既可摸，也可碰，活跃度大得多，所以缩水情况没有顺子牌那么严重。

下面，就来探讨它们的具体缩水情况。

一、理论推导过程

开牌前你手中78万的机会数是8，这8张牌一定在牌墙和其他三家手里。按照概率论，这8张牌应该是均匀分布的。假定你是庄家，那么除去自己手上的14张牌，将剩下的94张牌分为两部分：一部分是其他三家，有39张牌；一部分是牌墙，有55张。于是有：

$$94：8= 55：X → X= 4.68$$
$$94：8= 39：X → X= 3.32$$

这说明开牌之前就可能有3.32张69万在其他三家手上了，牌墙里可能有4.68张。但是，这4.68张牌并非你一人独享，而是四个人在分享，因此，你摸到69万的张数是（4.68/4）=1.17。

假如打牌的规则是准碰不准吃，那么你摸到69万的张数就只有1.17。原本8的机会数就变成了1.17，贬值85.4%。

同理，对子2万的计算为：

$$94：2= 55：X → X=1.17$$
$$94：2= 39：X → X=0.83$$

每个人摸到2万的张数是（1.17/4）=0.29。其余三人手牌中有2万的张数是（0.83/3）=0.28。由于对子可碰，这个张数有可能增加，增加多少取决于另外三个牌手对2万的需求。

当四家要时，庄家的机会数是0.29。

当三家要时，庄家的机会数是0.29＋0.29＋0.28=0.86。

当两家要时，庄家的机会数是0.29＋0.29＋0.29＋0.28＋0.28－1.43。

注意，两家不要的机会数不是由另外两家均分，因为庄家手中有1对2万，碰牌为先，所以机会数由庄家全收。

当庄家一人要时，机会数是0.29＋0.29＋0.29＋0.29＋0.28＋0.28＋0.28=2。

将这些数字罗列如下：

0.29、0.86、1.43、2

这就是对子在不同情况下的机会数。

这些数与顺子的对应关系如何？接着讨论。

由于顺子的机会数1.17是个恒定值，而对子的机会数是个变化值。那么以固定值1.17为基点，建立其对应关系式为：

当四家要时，X：0.29=8：1.17　→　X ≈ 1.98

当三家要时，X：0.86=8：1.17　→　X ≈ 5.88

当两家要时，X：1.43=8：1.17　→　X ≈ 9.78

当一家要时，X：2=8：1.17　　　→　X ≈ 13.67

这些对应关系说明什么问题？

理论上讲，对子2万和顺子78万，它们的机会数的对应关系为2：8，即4倍关系。从前面的计算数据来看：

如果对应关系小于4，说明对子被缩水了；

如果对应关系大于4，说明顺子被缩水了。

具体计算如下：

四家要时，对子机会数2等价于顺子的2张牌。缩水比例式为1.98÷2≈1<4，相当于对子被缩水了4÷1=4倍。

三家要时，对子机会数2等价于顺子的5.88张牌，缩水比例式为5.88÷2≈3<4，相当于对子被缩水了4÷3≈1.3倍。

两家要时，对子机会数2等价于顺子的9.8张牌，缩水比例式为9.78÷2≈4.9>4，相当于顺子被缩水了4.9÷4≈1.2倍。

一家要时，对子机会数2等价于顺子的13.67张牌，缩水比例式为13.67÷2=6.8>4，相当于顺子被缩水了6.8÷4≈1.7倍。

二、结论

1．顺子和对子的去留问题

上面的计算表明，对某种花色来说：

当四家要时，对子被缩水0.3倍，应留顺子。

当三家要时，对子被缩水0.7倍，应留顺子。

当两家要时，顺子被缩水4.9倍，应留对子。

当一家要时，顺子被缩水6.8倍，应留对子。

2．缩水理论平均值公式

将前面的计算结果求平均值，则有：

（1.98＋5.88＋9.78＋13.67）／4≈8

这个数值与顺子78万的机会数吻合得很好。

这个结果说明：

顺子78万与对子22万的机会数，在缩水前（理论值）是8∶2的关系式；在缩水后（实际值）是8∶8的关系式。说明顺子相对于对子来说，被缩水了4倍；也可以理解为对子相对于顺子来说，被放大了4倍。

即：

j（顺子）/j（对子）≈4…………（缩水公式）

公式中的机会数用小写字母"j"表示。

缩水理论的平均值公式可以这样理解：

双面顺的机会数8缩水4倍之后与对子的机会数2相当；也可理解为对子机会数2被平均放大了4倍后与双面顺的机会数8相当。

注释：

（1）同理，可以推导出顺子78万与刻子222万的机会数，在缩水前（理论值）是8∶1的关系式；缩水后（实际值）是4∶1的关系式；说明顺子相对于刻子来说，被缩水了两倍。即间张顺的机会数与刻子相当。

（2）实战中顺子要缩水，对子缩不缩水？这是很多读者在学习缩水理论时的一个误区。其实，上面的推导过程已经很清楚地表明：顺子和对子都在缩水，只不过顺子相对于对子来说缩水更严重，平均大4倍。

（3）如何确定留对子还是留顺子？

口决：一二家要留对，三四家要留顺。

笔画记忆：一和二的笔画少于三和四的笔画，对子的笔画少于顺子的笔画，并由此建立少和少，多和多的对应关系。即一家或两家要的时候留对子，三家或四家要的时候留顺子。

（4）缩水理论的平均值公式主要用于实战中的摸牌和"换三张"的交换。换三张的详情将在第三节讨论。

（5）从前面的推导过程中可以看出，只要是依靠摸牌上手的牌张都要缩水，其平均缩水值比其理论值小4倍。如：

筒13　万79

摸2筒、8万就可以构成一副成牌。这2筒和8万必须要靠自己摸，原本各自的机会数等于4，缩水之后就变成了1。

（6）缩水理论只对听牌之前的过程有效，一旦听牌，缩水理论自动失效。道理很简单，听牌之后，谁便哪家打出的牌都可以胡。

（7）如果规则允许吃牌，上述理论同样适合。

因为，即便规则允许吃牌，你也只能吃上家的牌。同样以78万为例，有两种情况：若上家需要69万，那等于不能吃；若上家不需要69万，那还得看时机对不对，时机对才能吃得上，时机不对也吃不上，也等于不能吃。所以即使规则允许吃牌，其结果对上述结论的影响也是很小的。

（8）缩水理论在开局到中局这个阶段效果比较明显，后期相对减弱。道理很简单：尾盘阶段可能有牌手已经胡牌离开，参战的牌手减少了，此其一。尾盘阶段，成副的牌增多了，碰牌的机会减少了，此其二。尾盘阶段，信息透明度增加，缩水情况肯定没有前期阶段那么严重，此其三。

（9）实战中计算机会数的时候，究竟该不该用缩水理论？我的回答是：不采用缩水理论的计算结果偏重于理论，采用缩水理论的计算结果更贴近于实战；但由于缩水的计算相对不缩水的计算多了一个概念，很多读者不太适应。因此，我的建议：如果你对缩水计算不太熟悉，那就不采用；如果你对缩水计算比较熟悉，那就采用；因为适合自己的才是最好的。但是，在实战中务必要记住，开局阶段对子的威力要大于顺子。

三、缩水理论的计算

计算时以对子为参照物，其机会数为2，双面顺的机会数缩水后也为

2，间张顺的机会数缩水后为1。

　　注意，凡是依靠摸牌上手成副的牌张都应视为顺子牌，按顺子牌的性质进行缩水，如果这些牌张有明牌，那就应该减去明牌的张数。

【教学案例1】

　　筒2255567　万123344

教学图1

　　这手牌进2、5、8筒和2、4、5万都可以听牌。

　　用缩水理论来分别表示这些进张的机会数，则有：

2筒→2　　2筒是对子，对子缩水机会数为2。

5筒→1　　5筒是刻子，其机会数为1。

8筒→1　　8筒要靠摸牌上手，没有明牌，故机会数为1。

2万→0.75　靠摸牌成副，1张明牌，机会数为1−0.25＝0.75。

4万→2　　4万是对子，对子缩水机会数为2。

5万→1　　5万要靠摸牌上手，没有明牌，故机会数为1。

　　可将将上述计算简化为下面的运算形式：

j（教学图1）＝j（258筒、245万）＝2+1+1+0.75+2+1＝7.75

【教学案例2】

　　筒4456667　万2456799

　　运用缩水理论应该怎么打？

教学图2

解答：

这是狭义7张无听牌型，可选牌张有4、7筒和2万。

采用缩水理论计算：

j（4筒）=j（3568筒、39万）=（1+0.75+1+1）+（1+2）=6.75

j（7筒）=j（3456筒、39万）=（1+2+0.75+1）+（1+2）=7.75

j（2万）=j（4568筒、89万）=（2+0.75+1+1）+（1+2）=7.75

结论：打7筒或2万有最大机会数。

【教学案例3】

筒3445688　万1225779

运用缩水理论应该怎么打？

教学图3

解答：

这是10张无听牌型，筒子显然不可打，只能在万子中选择。可选牌张有1、2、5、7、9万。

注意：若打2、5、7、9万，进7筒不能打成狭义7张无听牌型。

j（1万）=j（2578筒、2367万）=（1+0.75+1+2）+（2+1+2+1）=10.75

j（2万）=j（258筒、3678万）=（1+0.75+2）+（1+1+2+1）=8.75

j（5万）=j（258筒、2378万）=（1+0.75+2）+（2+1+2+1）=9.75

j（7万）=j（258筒、2368万）=（1+0.75+2）+（2+1+1+1）=8.75

j（9万）=j（258筒、2367万）=（1+0.75+2）+（2+1+1+2）=9.75

结论：打对子的挨张1万是最佳打法。

探讨：

筒3445688　万1225779

根据10张无听牌型的模型打法，此例表面上看有三个对子，其实不然：88筒进2、5筒时可视为独立；进7筒时就不是独立，只能算半独立。5779万的77万受到左右两边的包围，根本独立不了，只能视为一个整体。在这种情况下，必须要真正独立出来一个对子，才能保证所有的进张都可以打成狭义7张无听牌型。因此，此处就只有打掉1万才能把2万独立出来。

【教学案例4】

筒24468　万113444579

运用缩水理论应该怎么打？

教学图4

解答：

这是10张无听牌型，可以选择的牌张有2筒和1、3、9万。

j（2筒）=j（457筒、12468万）=（2+1+1）+（2+1+1+1+1）=10

j（1万）=j（3457筒、2468万）=（1+2+1+1）+（1+1+1+1）=9

j（3万）=j（3457筒、168万）=（1+2+1+1）+（2+1+1）=9

j（9万）=j（3457筒、1246万）=（1+2+1+1）+（2+1+1+1）=10

结论：打2筒与打9万等价。

探讨：

筒24468　万113444579

这手牌若用10张无听牌型模型来套打，既可看成有两个对子，也可看成有三个对子。万子是复合型牌型，打1万有最大机会数27，打2筒或打9万，其机会数为25。在接近30的数量级上，机会数相差2，这种差别是很小的。因此建议打2筒或9万，保留对子。

【教学案例5】

筒2234468　万1125579

运用缩水理论应该怎么打？

教学图5

解答：

这是10张无听牌型，可选牌张有2筒和2、9万。注意，打2筒进6万，打9万进5筒，都不能成为狭义7张无听牌型。

j（2筒）=j（57筒、1358万）＝（1+1）＋（2+1+2+1）＝8

j（2万）=j（357筒、1568万）＝（0.75+1+1）＋（2+2+1+1）＝8.75

j（9万）=j（37筒、1356万）＝（0.75+1）＋（2+1+2+1）＝7.75

结论：打2万。

探讨：

筒2234468　万1125579

这是有两个对子的10张无听牌型。5579万是个整体，原则上不能拆。在这种情况下，必须将11万独立出来，既能获得最大机会数，也能保证所有进张都可以打成狭义7张无听牌型，因此只能打掉对子的挨张2万。

第二节　缩水理论的实战案例分析

在上一节里，我们根据牌张的概率分布，用数学计算的方式推导出了顺子和对子的缩水结果，以及对子在行牌过程中是保留还是拆打，还是两者皆可，都有明确的结论，这对实战有很强的指导意义。

下面，将缩水理论运用到成都麻将的实战中去。

对"成麻"来说，只要战端一开，哪几家做什么花色，立刻清清楚楚地呈现在我们面前。这个信息在我们打缺之后，对手牌中对子的准确处理有极大的帮助。而此刻能否作出精确的判断必须依靠缩水理论的研究成果。

需要提醒的是：

第一，在后面的行牌过程中，对每次的进张不再使用缩水理论进行处理了，因为开打之后，对子去留这一步的选择，已经使用了缩水理论。因此，对子的去留选择结束后，就应该用正常机会数来计算和判断了。

第二，缩水理论是基于客观事实建立起来的，特别是对成都麻将来说，它更贴近于实战。如果你对缩水理论的运用感到陌生或完全不习惯，那在实战中就不采用缩水理论。你只需记住：打成都麻将时，对子的威力很大，特别是在开局至中局阶段，原则上不轻易拆打对子。

本节将对缩水理论的实战案例进行分析和解读。

【教学案例1】

筒3445688　万1335889

（1）两家做筒子，三家做万子，怎么打？

（2）三家做筒子，两家做万子，怎么打？

教学图1

解答（1)：

此时筒子中对子占优，宜留；万子中对子不占优，可拆。

观察可知，这是10张无听牌型，筒子显然不可打，只能在万子中选择。可选牌张有1、3、5、8、9万。

J（1万）＝J（2578筒、3478万）＝8×4－7＝25

J（3万）＝J（2578筒、2378万）＝8×4－5＝27

J（5万）＝J（2578筒、2378万）＝8×4-7=25

J（8万）＝J（2578筒、2347万）＝8×4-5=27

J（9万）＝J（2578筒、2348万）＝8×4-7=25

验证可知：

打1万，进7筒；

打3万，进7筒；

打5万，进7筒；

打8万，进7筒；

上述情况下，进7筒都不能成为狭义7张无听牌型。

结论：打对子的挨张9万是最佳打法。

解答（2）：

此时筒子中对子不占优，可拆；万子中对子占优，宜留。

观察可知，可选牌张有8筒、5、9万。

J（8筒）＝J（257筒、23478万）＝8×4-5=27

J（1万）＝J（2578筒、3478万）＝8×4-7=25

J（5万）＝J（2578筒、2378万）＝8×4-7=25

J（9万）＝J（2578筒、2348万）＝8×4-7=25

验证可知：

打8筒，进3、7、8万；

打1万，进7筒；

打5万，进7筒；

上述情况下的进张都不能成为狭义7张无听牌型。

结论：打对子的挨张9万依然是最优选择。

探讨：

筒3445688　万1335889

这手牌用10张无听牌型的模型来套打，可以马上锁定打9万。

因为这手牌表面上看有三个对子，其实不然：进2、5筒时88筒可视为独立；进7筒时就不是独立，只能算半独立。1335万的33万受到左右两边的包围，根本独立不了，只能视为一个整体。在这种情况下，必须要真正独立出来一个对子，才能保证所有的进张都可以打成狭义7张无听牌型。在此处就只有打掉9万才能把8万独立出来。

【教学案例2】

筒2245668　万2235779

（1）两家筒子，三家万子，怎么打？

（2）三家筒子，两家万子，怎么打？

教学图2

解答（1）：

此时筒子中对子占优，宜留；万子中对子不占优，可拆。

观察可知，这是10张无听牌型，筒子显然不可打，只能在万子中选择。可选牌张有2、7、9万。

J（2万）＝J（27筒、14678万）＝7×4−4＝24

J（7万）＝J（27筒、12468万）＝7×4−4＝24

J（9万）＝J（27筒、12467万）＝7×4−6＝22

结论：拆掉对子2万或7万是最佳打法。

解答（2）：

此时筒子中对子不占优，可拆；万子中对子占优，宜留。

观察可知，可选牌张有5、9万，2筒根本就不能拆。

J（5万）＝J（27筒、12478万）＝7×4−7＝22

J（9万）＝J（27筒、12467万）＝7×4−6＝22

结论：打9万或5万是最佳打法。

探讨：

筒2245668　万2235779

这手牌用10张无听牌型模型来套打，可以马上得出后面的结论。因为有三个对子，且22筒已经独立，在这种情况下，原则上所有进张都可以打成狭义7张无听牌型。观察可知，筒子不能动，因此只能在万子中间作选择。

第一种情况下，一眼就能看出拆掉2万或7万有最大机会数。

第二种情况下，万子中的22万和77万不能拆，筒子牌型不适合打，那就只能在5万或9万之间做选择。推荐打9万。

【教学案例3】

筒1345566　万1355778

（1）两家做筒子，三家做万子，怎么打？

（2）三家做筒子，两家做万子，怎么打？

教学图3

解答（1）：

此时筒子中的对子占优，宜留；万子中的对子不占优，可拆。

观察可知，这是10张无听牌型，可选牌张有1筒和1、5、7、8万。

J（1筒）＝J（467筒、245679万）＝9×4−7=29

J（1万）＝J（2467筒、45679万）＝9×4−7=29

J（5万）＝J（2467筒、24679万）＝9×4−5=31

J（7万）＝J（2467筒、24569万）＝9×4−5=31

J（8万）＝J（2467筒、24567万）＝9×4−7=29

验证可知：

打1万，进6筒；

打5万，进6筒、7万；

打7万，进4万；

上述情况下的进张都不能打成狭义7张无听牌型。

结论：打1筒或8万是等价的。

解答（2）：

此时筒子中的对子不占优，可拆；万子中的对子占优，宜留。

观察可知，可选牌张有1、6筒和1、8万。

J（1筒）＝J（467筒、245679万）＝9×4－7＝29

J（6筒）＝J（247筒、245679万）＝9×4－5＝31

J（1万）＝J（2467筒、45679万）＝9×4－7＝29

J（8万）＝J（2467筒、24567万）＝9×4－7＝29

验证可知：

打6筒，进4万；

打1万，进6筒；

上述情况下的进张是不能打成狭义7张无听牌型的。

结论：依旧是打1筒或8万。

探讨：

筒1345566　万1355778

这手牌用10张无听牌型的模型来套打，可以马上锁定打8万。

因为这手牌表面上看有三个对子，其实66筒并未真正独立，进4、7筒可以成副；1筒看上去也不宜动，打1筒会损失2筒的进张。1355万是个整体，也不宜动。在这种情况下，只能打8万，把77万独立出来，以保证所有进张都可打成狭义7张无听牌型。

通过验算可知：打1筒与打8万等价。

【教学案例4】

筒1355899　万2466788

（1）两家做筒子，三家做万子，怎么打？

（2）三家做筒子，两家做万子，怎么打？

教学图4

解答（1）：

牌型可分解为：

筒1355 899　万2468 678

此时筒子中对子占优，宜留；万子中对子不占优，可拆。

观察可知，这是10张无听牌型，可选牌张有1、8筒和8万。

J（1筒）＝J（4579筒、357万）＝7×4－5＝23

J（8筒）＝J（2459筒、357万）＝7×4－5＝23

J（8万）＝J（24579筒、35万）＝7×4－4＝24

验证可知：

打1筒，进5万；

打8万，进4筒；

上述情况下的进张是不能成为狭义7张无听牌型的。

结论：打8筒是最佳选择。

解答（2）：

此时筒子中对子不占优，可拆；万子中对子占优，宜留。

观察可知，可选牌张有1、5、8、9筒和8万。

J（1筒）＝J（2479筒、357万）＝7×4－5＝23

J（5筒）＝J（4579筒、357万）＝7×4－3＝25

J（8筒）＝J（2459筒、357万）＝7×4－5＝23

J（9筒）＝J（2457筒、357万）＝7×4－3＝25

J（8万）＝J（24579筒、35万）＝7×4－4＝24

验证可知：

打1筒，进5万；

打5筒，进7、9筒、5万；

打9筒，进4、5筒、5万；

打8万，进4筒；

上述情况下的进张是不能大成狭义"7张无听牌型"的。

结论：依旧是打8筒最佳。

探讨：

筒1355899　万2466788

这手牌用10张无听牌型模型来套打，可以一眼锁定打8筒。

因为万子牌型中的66万和88万完全独立不了；筒子1355筒是个整体，55筒也并未独立.在这种情况下，必须打掉8筒，让99筒独立出来，才能保证所有进张都能打成狭义7张无听牌型。

【教学案例5】

筒2245667　万1355778

（1）两家做筒子，三家做万子，怎么打？

（2）三家做筒子，两家做万子，怎么打？

教学图5

解答（1）：

此时，筒子、万子皆可留对。

观察可知，筒子没有可选牌张，只能在万子中选择。1355万原则上是个整体，最好不拆，如果拆掉打1万或5万，那么进3筒不能成为狭义7张无听牌型。可以考虑的只有778万。

验证如下：

J（1万）＝J（258筒、45679万）＝8×4－7＝25

J（5万）＝J（258筒、24679万）＝8×4－5＝27

J（7万）＝J（2358筒、24569万）＝9×4－5＝31

J（8万）＝J（2358筒、24567万）＝9×4－7＝29

结论：打7万。

解答（2）：

此时，万子、筒子皆可留对。

观察可知，22筒是孤对，不能拆，如果打2筒，进4万不能成为狭义7张无听牌型。1355万是个整体，原则上不能拆，如果拆掉打1万，那么进3筒不能成为狭义7张无听牌型。

唯一可拆的就只有778万，打挨张8万。

验证如下：

J（2筒）＝J（358筒、25679万）＝8×4－5＝27

J（1万）＝J（258筒、45679万）＝8×4－7＝25

J（8万）＝J（2358筒、24567万）＝9×4－7＝29

结论：打8万。

探讨：

筒2245667　万1355778

这手牌用10张无听牌型模型来套打，可以马上得出后面的结论。

因为22筒显然不能拆，筒子牌型不能动；1355万是个整体，原则上也不能动；用排除法马上可以锁定，只能打778万。

在第一种情况下，打7万是最佳选择。

在第二种情况下，打8万是最佳选择。

实战案例1

2022年春节期间，家人团聚。晚餐后，聊天喝茶，打牌娱乐，好不热闹。其中一手牌，用缩水理论打得非常顺利。

下面这手牌刚把条子打完，摸进8筒：

筒244688　万12234778

桌面情况：三家做条子，三家做万子，两家做筒子。

应该怎么打？

实战图1

观察可知：

这是有三个对子的10张无听牌型。

通常情况下，只要手牌不做大胡，就应该拆掉其中一个对子，从而获得最大机会数。这手牌三家做万子，没有做大胡的可能。按缩水理论，可以拆掉对子。一看便知，拆掉7万是最好的选择。

实战过程：

打7万！上家碰。

接下来，摸9万，退2筒。

牌型变为：

实战图1-1

现已成为有两个对子的7张无听牌型。

实战过程：

之后，摸8筒，退6筒。

牌型变为：

实战图1-2

现已听牌：胡3万。

再之后，碰4筒，退1万。

牌型变为:

实战图1-3

重新听牌:胡2、5万。

接下来,8筒现身,直杠后摸筒子打掉。

牌型变为:

实战图1-4

依旧听牌胡:2、5万。

最后结果:

一圈之后,2万自摸,关住三家。

盘后点评:

从一开始应用缩水理论拆掉7万,就走上了一条最优的路线。之后,一路顺利到达终点,收获很大。整个过程一气呵成,没有半点拖泥带水。此战全胜,得宜于缩水理论的正确判断——首张拆7万。

实战案例2

2022年5月参加一个朋友的的生日宴。饭后在主人的热情安排下,来到宾馆茶楼打牌娱乐。有人提议打重庆版的成都麻将(可不打缺)。

开局阶段,刚刚摸进4筒形成以下牌型:

筒3444566 万3456899

应该怎么打?

实战图2

牌型可分解为：

筒345 4466　万34568 99

筒444 3566　万34568 99

筒456 3446　万34568 99

这是有两个对子的复合型狭义7张无听牌型。9万是个独立对子，万子牌型不宜动，可选牌张有3筒或6筒。一看便知，若不用缩水理论，应该打6筒；若用缩水理论，应该打3筒。

验证如下：

（1）不用缩水理论。

J（3筒）＝J（4567筒、79万）＝6×4－8＝16

J（6筒）＝J（2457、79万）＝6×4－6＝18

结论：打6筒。

（2）采用缩水理论。

j（3筒）＝j（4567筒、79万）＝0.25＋0.75＋2＋1＋1＋2＝7

j（6筒）＝j（2457筒、79万）＝1＋0.25＋0.75＋1＋1＋2＝6

结论：打3筒。

实战过程：

由于是开局阶段，选择了缩水理论的验证结果，打3筒。

牌型变为：

实战图2-1

实战过程：

之后碰6筒，退5筒。

牌型变为：

实战图2-2

现已听牌：胡7万。

实战过程：

下一手，4筒出现，杠牌后，摸9万，退8万。

牌型变为：

实战图2-3

重新听牌：胡3、6万。

那天运气好，8万出去就被对家碰，对家碰牌后随即打出9万，点了我的杠牌。没想到杠起来的是3万，双根杠上花，满贯。

盘后点评：

此战采用缩水理论，先打3筒，后打5筒，成果诱出4筒。之后采用"投石问路"打法，打8万，诱出了9万。虽然这两次的诱出，运气占很大成分，但也不可否认基本功的决定性作用。

实战案例3

2023年10月的一个周末，和朋友相约南山郊游。下午在农家院打牌娱乐，人多接下。一位朋友说，听朱教授讲过缩水理论，今天正好看看缩水理论的实战过程。下面这手牌刚刚打完条子，摸进8万：

筒1134789　万3356778

桌面情况：四家都做筒子和万子。

应该怎么打？

实战图3

观察可知：

这是有两个对子的狭义7张无听牌型。11筒是个独立对子，筒子根本不能动，可选牌张只有3万和7万。一看便知，如果不用缩水理论，打3万为好；如果采用缩水理论，打7万为好。

验证如下：

（1）不用缩水理论。

J（3万）=J（25筒、469万）=5×4-1=19

J（7万）=J（125筒、34万）=5×4-4=16

结论：打3万。

（2）用缩水理论平均值公式：

j（3万）=j（25筒、469万）=1+1+1+0.75+1=4.75

j（7万）=j（125筒、34万）=2+1+1+2+1=7

结论：打7万。

实战过程：

由于是开局阶段，选择打7万。

牌型变为：

实战图3-1

之后，1筒现身。

碰牌后，退8万。

牌型变为：

实战图3-2

现已听牌：胡2、5筒。

本以为可以自摸，没想到下一手对家暗杠2筒，计划被彻底打乱。

实战过程：

接下来碰3万，退3筒。

牌型变为：

实战图3-3

重新听牌：单吊4筒。

实战过程：

之后摸4万，退4筒。

牌型变为：

实战图3-4

再次重新听牌：胡4、7万。

最后结果：

7万自摸，关住三家。

盘后点评：

此战完胜，得益于开始打7万。之后的腾挪辗转完全是基于对牌情的判断，虽有运气成分，但基本功的体现无处不在。

第三节 换三张策略

所谓"换三张"是近年来在成渝两地非常流行的一种新的麻将玩法。这种玩法的本质仍然是成都麻将。本节将探讨成都麻将换三张玩法的换牌策略。

一、换三张的基本概念

换三张是在开牌之前多了一个程序。

抓牌结束，开打之前，每个牌手将手中最差的一门花色拿出三张牌去和别人进行交换，交换的对象以掷骰子的方式来决定：1、3、5、7、9与对家换，2、6、10与下家换，4、8、12与上家换。整个换牌过程不到一分钟，之后的打牌规则与成都麻将一模一样。

有读者问，这种交换三张牌有什么意义？

我告诉你，交换三张牌的结果大概率会使手牌变得更好，做大胡、做清一色的概率增加了，玩起来更加刺激。

这就是换三张流行的原因。

二、换三张的数学原理

换牌为何会使手牌变好、出现清一色的概率增大？

这是一个纯粹的数学问题，其实很简单，原理如下：

根据概率理论，一般情况下三门花色出现的概率是相同的，即每次换回来的花色，筒条万的概率一样大。假如换出去的是筒子，那么换回来是筒条万的概率各占33.3%，换回来是条子和万子的概率加起来为66.6%，这不正是想要的换牌结果吗。也就是说，换牌的结果使自己手中的牌变好的概率是66.6%。很显然，做大胡的概率增加了。

那种所谓"换牌的好坏完全凭运气"的说法是错误的。将结构差的、张数少的短牌用于交换，留下结构好的、张数多的长牌是换牌的基本原则：

换牌的基本原则

第一，留好牌长牌，换差牌短牌。

第二，有对子的牌必须谨慎交换。

第三，有刻子的牌原则上不交换。

第四，极端的牌型需要特殊处理。

这几条换牌原则人人都看得懂，但要用于实战，其差别可能就很大。再精确的表述，再优美的文字，都无法做到理解一致，打法一致。只有数学的量化处理，形成统一的计算公式才可能准确无误、打法一致地实现上述原则。因为数学是人类语言最精确的表达形式。

下面，我将对这几条原则进行量化处理。

三、判别式的推出

以下推导过程不用缩水理论。

假设牌型1和牌型2是各自独立的。可以是两门花色，也可以是一门花色，但一定要各自独立。

如何判别这两个牌型的好与坏？

首先，分别将这两个牌型中可以成副的牌张全部找出来，将其机会数分别相加，然后比较其大小。数值大的表示结构好，成副的可性性更大，原则上留下，反之就交换掉或打掉。我用◎来表示写成运算式，则有：

◎＝J（牌型1）－J（牌型2）……………判别式

该式称为两个独立牌型好与差的数学公式，简称判别式。

如果：

◎＞0，牌型1好于牌型2；

◎＝0，两者相当；

◎＜0，牌型2好于牌型1。

该判别式的推出是机会数理论的一个应用成果。对判断两个独立牌型的好与坏给出了数学上的精确值；对牌型的去留提供了可靠的分析工具。

以下例题不使用缩水理论，这对于不习惯使用缩水理论的读者来说是件很简单的事情，直接用机会数的大小判断即可。

【例题1】

筒1246 万1346

这两个牌型如何比较？

解答：

J（筒）＝J（35）＝2×4＝8

J（万）＝J（25）＝2×4＝8

◎＝J（筒）－J（万）＝0

结论：两个牌型相当。

【例题2】

筒12246 万13557

这两个牌型如何比较？

解答：

J（筒）＝J（235）＝3×4－2＝12

J（万）＝J（2456）＝4×4－2＝14

◎＝J（筒）－J（万）＜0

结论：万子好于筒子。

【例题3】

筒122466 万114468

这两个牌型如何比较？

解答：

J（筒）＝J（2356）＝4×4－4＝12

J（万）＝J（1457）＝4×4－4＝12

◎＝J（筒）－J（万）＝0

结论：两个牌型相当。

更多案例的学习可参考升级版的《成都麻将高级打法》一书。

四、判别式的应用

由于成都麻将的规则是可以碰牌不能吃牌，所以在使用上述判别式进行换三张玩法的时候，用缩水理论更贴近实战一些，为了便于理解，我们仍然用小写字母"j"来表示缩水版判别式的机会数。

◎=j（牌型1）−j（牌型2）……………换三张判别式

具体用法如下：

第一步，将所有可以成副的牌张全部找出来。

第二步，将所有牌张的机会数各自缩水4倍后相加，对子不缩水。

第三步，比较大小，得出结论。

注释：所谓对子不缩水是指对子和顺子在同时缩水的条件下顺子缩水更严重，是对子的4倍。其动态比值为4。

【教学案例1】

筒123　万233

应该怎么换？

教学图1

筒子123已经成副，万子233没有成副，应该留筒子。再好的三张牌，只要没有成副，都好不过已经成副的三张牌。如果是四张牌呢？

【教学案例2】

筒123　万1145

应该怎么换？

教学图2

万子1145有成两副牌的架构，对这种牌型的交换主要取决于个人的牌风。牌风稳健者留筒子，交换145万；牌风激进者留万子，交换123筒。

如果万子是1146，建议留筒子。

如果万子是1135，建议留万子。

如果万子是11469五张牌，那就应该留万子。

【教学案例3】

筒147　万138

应该怎么换？

教学图3

筒子147是无听牌型，万子138是有听牌型，根据"优先原则"（参见《麻将"机会数"理论与实战》），当然应该留万子。

【教学案例4】

筒2446　万3346

应该怎么换？

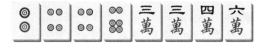

教学图4

解答：

先分别将两个牌型的机会数找出来：345，235。

然后将两个牌型的机会数缩水后分别相加。

再用判别式比较其大小。

j（筒2446） → 345 → 1+2+1=4

j（万3346） → 235 → 2+1+1=4

◎=j（筒2446）−J（万3346）=0

结论：两者相当，皆可留。

【教学案例5】

筒24489　万2388

应该怎么换？

教学图5

解答如下：

j（筒24489） → 347 → 1+2+1=4

j（万2388） → 148 → 1+1+2=4

◎=j（筒24489）−J（万2388）=0

结论：由于筒子多一张，故留筒。

【教学案例6】

筒34556　万2246　条13579

应该怎么换？

教学图6

解答：

此题只能在万子和条子两个牌型中比较：

j（万2246）　→　235　→　2＋1＋1＝4

j（条13579）→　2468　→　1＋1＋1＋1＝4

◎＝j（万2246）−J（条13579）＝0

结论：因条子多1张，故留条子。

【教学案例7】

筒22234　万13379　条3388

应该怎么换？

教学图7

解答：

此题只能在万子和条子两个牌型中比较。

j（万13379）　→　238　→　1＋2＋1＝4

j（条3388）　　→　38　→　2＋2＝4

◎＝j（万13379）−J（条3388）＝0

结论：两者皆可，视个人牌风而定。

【教学案例8】

筒111　万12266　条246889

应该怎么换？

教学图8

解答：

此题只能在万子和条子两个牌型中比较：

j（万12266） → 236 → 2＋1＋2=5

j（条246889）→ 3578 → 1＋1＋1＋2=5

◎=j（万12266）−J（条246889）=0

结论：由于条子多1张，故留条子。

【教学案例9】

筒111　万11335　条12356

应该怎么换？

教学图9

解答：

此题只能在万子和条子两个牌型中比较。

万子有两个对子，1万是边张对，容易碰牌，成副的机会数很大；但条子已经有一副成牌，且两者张数相同。这种情况的交换取决于个人的牌风：牌风稳健者留万子；牌风激进者留条子。

如果是庄家，多一张万子，比如9万，在这种情况下建议留万子；反之，如果条子多一张，比如9条，建议留条子。

【教学案例10】

筒111　万5556　条113458

应该怎么换？

教学图10

解答：

条子有6张，不仅是长牌，还有一副成牌，且牌型好，听牌的速度远大于筒子和万子，所以，条子应该留下。

万子虽然比筒子多一张，且结构很好，但刻子5万是中张，杠牌的可能性比刻子1筒小了两个数量级。而且，如果交换筒子，只能换出去3个1筒，风险远远高于交换万子的556。

综合考虑，建议交换556万。

【教学案例11】

筒11333　万11234　条555

应该怎么换？

教学图11

条子虽然有3张5条，但5条是中张，杠牌的可能性并不大，况且条子只有3张牌，属于短牌，其听牌速度肯定比筒子和万子慢得多。即便555条换出去被暗杠了，就这手牌的情况来看，赢回来的概率仍然是很大的。

建议：牌风稳健者留下555条，牌风激进者留下11234万。

【教学案例12】

筒1244566789　万555

应该怎么换？

教学图12

这是非常极端的情况。

在《成都麻将高级打法》一书中专门讨论过这种情况：如果把555万换出去被暗杠的可能性不到15%。如果考虑到别人在暗杠之前自己就已经胡牌的因素，那么这种换牌方式把自己坑进去的可能性就更小。

另外，555万换出去，被自己点杠的可能性只有8.7%左右。如果考虑到别人在暗杠之前自己就胡牌的因素，点杠的可能性就更小。

由此可知，把555万换出去被暗杠或被自己点杠的可能性都是很小的，没有想象的那么可怕。退一步说，即便555万交换出去被暗杠了，这手牌做成清一色的可能性也是很大的，收益应该大于风险。

建议：牌风稳健者留555万，牌风激进者留筒子。

实战案例1

2023年10月的一个周末，和朋友相约南山。饭后在农家院的树阴下打牌娱乐，人多接下。开战首盘，本人庄家，抓牌完毕就是一个怪牌。

筒888　万234568　条33556

应该怎么交换？

实战图1

观察可知：

8筒也属于边张，是有可能杠牌的，留下。

234568万结构很好，且有6张牌，属长牌。

33556条结构虽好，但只有5张，且没有成副。

综合考量，交换条子为好。且这手牌的交换是没有回头路的，即便换回来有3条或5条，杠牌的可能性也是很小的。

实战交换：

把356条拿出去交换，换回来235筒。

牌型变为：

实战图1-1

实战过程：

打3条；摸8万；再打5条。

牌型变为：

实战图1-2

5筒显然是个多张。

实战过程：

几圈之后摸1筒，打5筒。

最后结果：

下一圈，对家打出8筒，杠牌之后摸进1万，杠上开花。从换牌到现在，赢得干净利落，虽然只赢了一家，心里特别开心。

实战案例2

2024年元旦期间，亲友聚会。这期间打的一手牌记忆深刻，特记录如下：中场期间一副牌，抓牌完毕就感到非常纠结。

筒1113　万11556　条56799

应该怎么交换？

实战图2

分析如下：

刻子1筒虽是短牌，但容易杠牌，应留下。

11556万结构很好，但没有成副。

56799条已经成副，且9条活跃度高，易碰。

综合考量：

留条子比留万子听牌速度更快，但万子和条子张数相等，且有两个1万，如果换回来的万子很好，这牌是有可能改变花色的。

实战交换：

把556万交换出去，换回来的是135万。

牌型变为：

实战图2-1

观察可知：

1筒和1万的活跃度高，它们都是有可能杠牌的，故改打条子。

实战过程：

数圈之后打完条子，在打条子的过程中居然摸1万暗杠。

牌型变为：

实战图2-2

实战过程：

之后碰3筒，退7筒，单吊3万。

再之后摸2筒，退3万。

牌型变为：

实战图2-3

最后结果：

自摸2筒，可惜只关住了两家，上家在我自摸前胡牌了。

盘后点评：

此战杠牌获胜，得益于当初换牌时留有余地，把对子1万留下了。

实战案例3

2024年6月的一个周末，参加一个朋友的生日宴会。饭后打牌娱乐，人多接下。下半场开战的第一盘，本人抓牌完毕就是一个怪牌。

筒1112356889 万333

应该怎么交换？

实战图3

实战交换：

毫不犹豫地就把333万与对家交换，换回来的是125条。

一观战者说："朱教授胆子大！"

牌型变为：

实战图3-1

实战过程：

开局第一圈桌上就出现8筒，碰牌后退1条。

之后，摸7筒退2条。

再之后，摸3筒退5条。

中局阶段，牌型变为：

实战图3-2

实战过程：

之后，好几圈不进张。

快到尾盘时，桌面上出现3筒，碰牌后退9筒。

牌型变为：

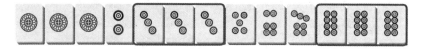

实战图3-3

现已听牌：胡2、3筒。

3筒被碰1筒出来应该是大概率事件。

接下来，下家打3万，对家犹豫之后还是进行了直杠。殊不知杠起来的是2筒，打出来就成全了我的清一色杠上炮，满牌。

下家高兴惨了，戏谑对家："你杠3万是不是太贪心了？"

接下来，对家又摸2筒，说道："我不放炮，朱教授自摸。"

事后对家说："朱教授胆子真大，把3个3万换给我。"

下家笑他："你以为赚到了金子，结果是个地雷。"

这是后话。

注意：

换牌结束后，牌局将进入定张扣牌阶段，即把不要的花色拿出一张背面向上扣在自己的门前，以向其他牌手表明本人打缺的花色就是扣在桌面上的这个种类。只有当所有牌手都扣牌完毕之后，庄家才能开牌。这个阶段的花色去留的选择其实质就跟换三张一样。

因此，前面介绍的换牌原则和判别式公式同样适合定张扣牌。

第六章　关于猜牌

　　猜牌从来都是一件很神秘的事情，是广大麻将爱好者最为关注，最想学习的一件事情。很多人都认为猜牌就是可以看穿别人手中的牌，可以知道别人要胡什么牌。只要学会了猜牌，就可以稳赢不输。

　　真的是这样吗？

　　本章就来为你揭开这个奥秘。

第一节　猜牌的基本概念

　　猜牌是民间的一种说法，时不时听人说，某人打牌厉害得很，把你要胡的牌猜得清清楚楚。其实这只是民间的一种传闻而已。最有可能的情况是，某人的推算能力很强，很多时候能够大概猜出别人胡牌的范围，加上传话人的一些渲染，就变得很神奇了。在我的朋友圈里面，关于我的这类传闻那就太多了，其实并不是这么回事。

　　如果排除用高科技作弊的这种可能，猜牌其实就是推理估算。

　　下面，我把这些年来在这方面的一些研究给大家做一下介绍。

一、推理估算的基本要求

　　推理估算对牌手的要求较高，它涉及的知识面较广，主要涉及数学、逻辑学、心理学、行为学等，同时还与你的几项能力密切相关。

　　第一，观察能力。

　　一个观察能力很强的人，能够根据一些细枝末节推导出来很多东西。

有一次受朋友之邀去切磋牌技。对家打完筒子后，碰1万，然后从左边第4的位置退1条。之后碰2万，从左边第3的位置退2条。之后，又碰8万，退9万。门前三副万子，完全是清一色已经下听的架势。之后，我摸筒子，打6万，听牌3、6、9筒，最后自摸。

当时，有观战者悄声说，胆子好大呀，还敢打万子。

事后朋友问及此事。

我说，一看便知他手上还有两张条子（在左边的1、2位置）没有打完。

原来对家胡4、7条。

第二，分析能力。

参加重庆市首届竞技麻将比赛，在半决赛阶段有一副牌在尾盘时，坐对家的选手上一圈打出9筒。刚刚摸牌后，将牌在桌面上扣了一下，发出一声叹息；思考片刻后将牌插进手牌中，然后打出8筒。

对家这两个动作传递出的信息是后悔。在哪种情况下会后悔？那就是9筒打错了。从刚才将摸牌插进手牌中打出8筒这个过程来看，原本很可能是：xx 889筒的牌型，在胡边张7筒，或对杵88筒和xx之间选择了胡对处。很可能刚刚把7筒摸上手了，不然就是自摸，所以后悔。现在打8筒，大概率是重新听牌，胡6、9筒。当然不排除当初选择单吊时选错了牌。

而我的听牌原本是一根长棍，胡147条，现在却摸进9筒，肯定不敢打，只好拆掉7条，单吊9筒。

最后上家打9筒，对家喊胡牌，而我胡在了对家的前面。

事后，在一旁观看的裁判说，朱老师这手牌拿得太稳了。

第三，记忆能力。

凡是涉及棋牌竞技运动项目的都和记忆力有关，要想成为一个高手，不记牌是肯定不行的。就像下棋一样，下完一盘棋之后要复盘，如果连这一点都做不到，怎么能成为高手。关于记忆能力的问题，既有先天的天赋，又有后天的勤奋。正所谓：冰冻三尺非一日之寒。

二、推理估算的基本方法

推理估算的基本方法有：观察分析法、归纳判断法、逻辑推演法、组合法、排除法等。这些方法既可以单独使用，也可以组合使用。

通常情况下，用上述方法得到的结果是概率大小。如果信息越多，条件越充分，得到的结果就越准确，反之就比较模糊。

此外，推理估算与个人文化水平的高低，对事物认知能力的大小，分析能力的强弱等有很大关系。同样的前提条件，用在不同人的身上，得到的结果可能会有较大的出入，这是很正常的事情。

三、推理估算的操作步骤

这个步骤就是从大范围到小范围。

1. 确定方向

大范围就是胡牌的方向，也就是胡牌的花色，如果你连哪门花色都搞不清楚，后面的推断就没有意义了。比如对手做筒子和条子，打完万子之后首先打出来的是条子，那么据此可以推断：

他的条子可能没有筒子好，此其一。

如果他碰了一副条子后，对条子是摸张打张，那么他的胡牌方向很可能是在筒子上，此其二。

如果他只退条子，筒子却一张未退，大概率在做清一色，如果最后退掉的是条子的连张，说明清一色可能已经下听，此其三。

如果他打的牌很乱，一会筒子，一会条子，而且只要别人碰了牌，立马消根，打法像是划船，那很可能在做暗7对，此其四。

……

2. 确定范围

确定范围需要根据桌面上出现的各种信息来判断。比如，对手打过筒子的低张和中张，却没有打过高张，那么高张筒子就是危险区域，需要谨慎和提防。又比如，对手打过筒子1、4、7和2、5、8，就是没有打过3、

6、9，那么3、6、9筒就是重点防范的区域。通常对家已打过的牌，危险性小得多，没有打过的牌危险性大得多。

3．锁定牌张

锁定牌张的方法有很多，用得最多的就是排除法。比如对家和你两家做万子，对家门前暗杠了5万，碰了9万，碰9万时退8万，之后摸张打张，清一色大概率已经听牌。这期间，上下两家分别打过2万和7万。从你的角度看，6万没有打现，3万已经看见了3张，剩下那一张如果在对家手里，那么最危险的牌张应该是1、4万。

以上三个步骤在通常情况下都是实用的。如果已知信息较多，条件比较充分时，有可能只需一步就把结果推算出来了。特别是两人做同一门花色，打到残局阶段，推算出对手的胡牌范围是比较容易的。条件越充分，锁定的牌张就越精确，反之就只能锁定范围，不能锁定牌张。

其实，在我的书里有很多的案例都在介绍分析推理的知识，只不过在本章中是重点介绍。

第二节　猜牌的实战案例分析

观察法在猜牌过程中非常重要，它贯穿于整个打牌过程；高手会把百分之八十的注意力放在观察上，很多有用的信息都是通过观察获得的。

请看以下案例：

人们在打牌过程中，通常情况下都习惯于按顺序理牌，而这种理牌方式，在一定的情况下，对推理估算提供了很好的参考信息。

实战案例1

2020年5月，朋友聚会。饭后打牌娱乐，甚是高兴。下面这手牌是猜牌过程中常用的方法，即用观察法破解谜题的典型案例。

桌面情况：两家做万子，三家做筒子和条子。

对家打完条子后，碰8筒，从右边第5的位置打出9筒。之后碰2筒，从左边第1的位置打出1筒。之后，无论什么牌都是摸张打张。这期间，对家曾摸8筒明杠，再摸一张牌上手，思考片刻后，打出3万。

本人牌型如下：

条111567　万11455789

刚刚摸进1条，应该怎么打？

实战图1

分析：

第一，对家不可能是清一色。他手上的三张筒子有可能是一副刻子，也有可能是一副连子。如果是连子，那很可能是456或567，不可能有3筒。如果有3筒不可能碰2筒退1筒。

第二，胡牌大概率在万子上。从摸牌上手，思考后打出3万来看，其手上很可能有一对2万或一对4万。他所以思考很可能是在考虑胡14万或25万的两头听，还是胡2万或4万的对杵听。

第三，做对子胡的可能性大。从他思考片刻这个情节来看，筒子三张很可能是一副刻子；因为，如果是一副连子，用得着思考吗？那肯定在万子上是胡两头听，而现在极有可能是做对子胡。

第四，从上面的分析中可以基本确定：万子胡2万或4万的可能性很大，最大的可能性应该是2万和另一张万子的对杵。

分析清楚后，得出结论：

打5万危险性最小，即便放炮也是小胡。

实战过程：

打5万！

桌面平静。

最后结果：上家打2万，一炮双响。

对家最后的牌型是：

筒2226668888　万2277

打牌过程中，如果对方摸牌或碰牌后，出牌时迟疑或犹豫等，这些现象都为你的推理分析提供了很好的依据。

人们在打牌过程中，对于不对称的牌，如万子牌，总是习惯于按正向摆放，而这种摆牌方式，在一定的情况下，对推理估算提供了很好的参考信息。

实战案例2

2023年疫情结束后，老朋友聚会。饭桌上，相互问候，讲述各自所经历的情况。之后，在酒店茶楼打牌娱乐。其中一手牌打得很有成就感。

桌面情况：我和对家做条子。

开牌不久，对家暗杠6条，摸牌后打出7条。

中局阶段，对家碰2筒，退1筒。

尾盘阶段，对家摸牌后将牌插进手牌中，略加思考后，打出1条；随及将刚才的摸牌转了个头。之后，对家的行牌都是摸张打张。

此时我手中的牌是：

条111　33344457889

1条早已碰牌，刚刚摸进9条，之前下了理论叫6条。

牌池的情况是：

1、5、6、7条全部打断，我没有看见的牌张有2、3、4、8、9条，各有1张。

现在应该怎么打？

实战图2

分析：

第一、退8条，理论上可以听牌3、4、5、6条，实际还有3、4条未出现，胡在3条上还是满牌。

第二、退5条，可单吊8条。

显然，退8条应该更容易胡牌。

如果这样打，你可能忽略了一个很重要的细节，那就是：对家在打出1条之前稍有思考，而且在打出1条之后，将摸进的牌张调了一个头。

这说明什么？

这说明对家摸的这张牌是不对称型。在条子牌中，不对称型牌有1、3、7条。现在的1、7条已经打断，那唯一的解释就是对家摸的是3条。从摸牌后略加思考这个过程来看，对家一定是在考虑该退1条，还是该退4条？如果摸的是单张用得上思考吗？

综上分析：

2、3、4条大概率已在对家手中，只能退5条，单吊8条。

实战结果：退5条，最后胡了对家的8条。

对家的牌型是：

筒222 5578　条234 6666

如果当时退的是8条，这手牌就是水中月、镜中花。

事后，有观战者问我，为何不打8条，胡3、4、5、6条？

这是后话。

实战案例3

2017年，凤凰卫视采访我之后的一段时间，来访者较多，那段时间切磋牌技的机会也较多。下面这手牌是观察、分析、推理的案例。

桌面情况：两家筒子，三家万子和条子。

对家打完条子后，摸进一张牌，思考片刻后，暗杠4筒，将杠起来的牌插入手牌中，打出6万。之后几圈都是摸张打张。最后，碰8筒，从手中打出7万。此时，已进入残局阶段。从我的角度看：4、6、8筒已被彻底打断，桌面上有6筒2张，5、7、8筒各1张。

我的牌型如下：

筒11123566799　条23

实战图3

当桌面上出现1筒时，立马叫碰。

牌型变为：

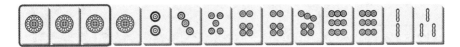

实战图3-1

现在应该怎么打？

如果退6筒，可听牌1、4条。

问题是：6筒能否出得去？对家是不是清一色已经听牌了？

分析如下：

对家在暗杠4筒前，思考片刻，说明他在犹豫杠或不杠。在哪种情况下，杠4筒会犹豫？比如是以下牌型：

筒2344445、23444456、23444457

筒22344445、23344445、23444455

无论那种情况，暗杠4筒都不可能做出两副成牌。对家清一色听牌的可能性很小，就算对家手上还有一对7筒和一对9筒，也不可能胡6筒。对家手上很可能有23筒，如果是这样，对家想做成清一色是很困难的。就算下了听，要想胡牌，那更是难上加难。

反观自己这手牌，做清一色倒是很有希望的，即便最后没有胡牌，只要有听，对家也要赔我满牌。既然如此，为何不做清一色呢？

实战过程：

打2条！

之后，摸9筒退3条。

牌型变为：

实战图3-2

现已听牌：单吊6筒。

两圈以后，摸7筒，退6筒。

牌型变为：

实战图3-3

重新听牌：胡7、8筒。

之后，桌面上相继出现2、3、5筒，对家毫无反应。

最后结果：

对家无听，赔我满牌。

对家最后的牌型：

筒23 *4444 888* 579　万22

事实上，当对家暗杠4筒那一刻起，就已注定失败。

猜牌过程中的另外一种方法是排列组合。

数学中的排列组合在平时好像用处不大，但在残局阶段的某些关键时刻，能帮助你作出正确的判断。

实战案例4

2023年4月的一个周末，朋友聚会，相谈甚欢，饭后打牌娱乐。其中有一手牌打得颇有些"烧脑"。

桌面情况：四家条子，两家筒子，两家万子。

但凡两家做同一门花色时，很容易出清一色大胡。

中局后期，对家从其手牌最右边拿出两张牌碰1万，打出8条，两圈后从右边第4第5位置拿出两张三万碰牌，然后退7条。

本人在对家碰牌之后，碰8万，退8条。

手中牌型为：

条12334556　万55888

实战图4

听牌4、7条，进入尾盘阶段。

之后对家摸进一张牌，思考片刻后，插入其手牌右边第四张的位置，再次思考后，打出7万。此番动作表明，对家大概率已经清一色听牌。

接下来，本人摸进2万，该怎么打？此时我没看见的万子牌有：

122234556

从最坏的角度考虑，对家胡2万的可能性有多大？对家可能得牌型如下：

万2　123456

万123　2255

万13　22255

万222　3455

从上面的组合不难看出，对家胡2万的可能性是很大的。于是扣下2万，退3条。开始划船，寄希望于上下两家去放炮。

之后摸1万，退5条。

牌型变为：

实战图4-1

重新听牌，胡3万。

实战过程：

接下来摸6万，应该怎么打？此时牌墙上还剩3张牌。

推理分析：

从剩下的万子牌组合情况来看，假定7张万子牌全部在对家手上：

万2223455

打6万应该是安全的。当初对家为何退7万？因为从对家的角度来看，他没有看见的万子牌有5张：

万12556

他若打5万，可听牌6万；他若打7万，可听牌2、5万。很明显，胡2、5万的概率明显大于胡6万。所以对家思考后，打出7万。

既然结果已经推算明白，所以打6万是安全的。

实战过程：

打出6万，风平浪静。

其实从对家刚才摸牌上手，思考后插入手牌（右边第四张的位置）就可以基本肯定，对家把3万摸上手了，之所以思考是在考虑杠不杠牌。插入牌墙后再思考，最后打出7万，是在考虑听牌2、5万，还是听牌6万。

最后结果：

我和对家都没有胡牌；上家有听，也没有胡牌；只有下家在牌局结束前胡牌。假如我在当初摸进2万时，不加思索地抱着赌一把的心态，打出2万，那将被对家清一色双根胡牌。

实战案例4

2024年4月的一天，应朋友邀请参加一个饭局，原来朋友约了牌友，邀我一起娱乐。中局阶段有一手牌打得颇有些自豪。

桌面情况：

四家条子，两家筒子和万子；我和上家做筒子和条子。

上家打完万子后，暗杠3筒，之后碰6筒，连续从手牌中退出一对4条，明显是在做清一色，之后又明杠6筒。此外，低张条子其他三家都不要。进入尾盘阶段时，下家和对家分别胡牌退出战局，前来观战。

结束前，我的手牌为：

筒55789 条33355578

实战图5

已经听牌：胡6、9条。

我没有看见的筒子有8张：

12247889

此时上家打出9条，牌墙还剩三张牌，这9条是胡还是不胡？

分析推理如下：

第一，3条杠牌的可能性很大，除非它在牌墙最后。

第二，上家的筒子无论怎么组合，也不可能听牌。

结论：我若胡9条，上家之前的两次杠牌都有效，我还输2倍基本分。我若不胡9条，上家不仅双杠无效，还将倒赔我4倍基分。

实战结果：

放过上家的9条。伸手就摸3条暗杠。杠起来的是8筒，打掉。

最后结果：牌局结束验牌，上家果然无听，不仅先前的两杠没有得分，还倒赔我4倍基本分。

下家和对家都说，感谢朱老师解救了我们。

实战案例6

2024年5月的一个周末，参加朋友的生日宴会。之后在主人的热情安排下，和众多的朋友打牌娱乐。下面这手牌出现在中盘阶段。

桌面情况：两家做筒子，三家做条子和万子。

对家打完条子后，突然发力，暗杠3筒，之后碰6筒，碰9筒，手上连续退出788万。再之后就是摸张打张，剩下的四张牌肯定是筒子无疑。

此时已进入尾盘阶段，牌墙还剩12张牌左右。

本人牌型如下：

条1222345777888

实战图6

清一色已经听牌：胡1、3、6条。

原本好好的牌，不料却摸了一张2筒。

牌型变为：

实战图6-1

真是太让人扫兴。对家胡什么牌？

由于我和对家做筒子，到现在我没有看见的筒子有8张牌：

筒11124578

现在这个2筒能否出得去？

分析如下：

这题是数学中的排列组合问题，等同于从8个元素中任意抽取4个进行不重复的组合。这样的组合共有70个。而1112只是其中的一种组合。因此，理论上讲，打2筒出去放炮的概率很小。

从最坏的角度出发，假定对家真的把四张筒摸上手了，而且有三个1筒，那么对家听牌的可能性只有下面5种情况：

筒1112、1114、1115、1117、1118

打2筒出去放炮的可能性最大也只有百分之二十。

如果2筒出去没有放炮，那么对家的筒子就再也不会对任何人有威胁了；因为筒子的这些组合，只能听牌，永远也胡不了牌。

实战过程：

打2筒。风平浪静。

只听背后有人窃窃私语："胆子好大！"

之后又摸7筒，毫无顾忌地直接打掉。

又听私语声："还敢打筒子？"

……

最后结果：

6条自摸，关住三家。

事后，有观战者问及此事，我说："牌情组合就是这样，只要2筒不放炮，对家的清一色只能有听，永远也胡不了牌。"

主人对观战者说："听懂没有，这就是为啥教授敢打筒子！"

实战案例7

2024年3月的一个周末，应邀参加一个朋友的饭局，之后在朋友的热心安排下，到酒店茶楼打牌娱乐，原来是朋友的朋友专程来拜访，切磋牌技。下面这手牌算是我打牌生涯中的一手得意之作。

桌面情况：三家做筒子和条子，两家做万子。

本人开牌就暗杠2条，之后摸牌不顺利，一直下不了听。

尾盘阶段时，对家和上家相继胡牌，到我身后观看。

我和下家同做万子。下家打完条子后，碰1万，碰9万，手中连续打出了67筒，大概率已经万子清一色听牌了。

最后，牌墙剩4张牌，本人牌型如下：

条2222 55689　万255789

实战图7

现在摸进2万，应该怎么打？

57条一张都没了，下听无望。

桌面上有8张万子牌我没有看见：

万23334467

分析如下：

从最坏的情况来考虑问题，假定下家已经下听，从剩下的8张万子牌来看，对家要胡牌只可能是胡5、8万。而5、8万全部在我的手上。牌局马上结束，我如果不打5万或8万，下家肯定胡不了牌。

但是这对我有什么好处呢？根据当天的约定，三家胡牌后，最后一家即使无听杠牌也有效。

如果我扣住5、8万不打，查叫时，下家有听，我无听，照样赔下家的清一色。不仅如此，我暗杠2条的奖励分也得不到。反之，我如果打出5万或8万，成全下家，那么我的暗杠就有效，每人给我2倍的基本分，扣除放炮下家的清一色4个基本分，我还可以净赚2个基本分。

实战过程：

打8万！

下家立即喊胡牌。

他倒牌的那一瞬间，对家和上家两个牌手，几乎是异口同声对下家说："你要是不胡牌就好了，我们也不用赔暗杠分了。"

下家很惊呀，说："朱教授没得叫？不可能哟，他如果没得叫，怎么可能打8万给我？"

大家马上验牌，发现我真的没有下听。

下家说："只能说教授算得太精了，居然主动点炮我的清一色。我敢说，哪个人都想不到这一点。想想看，尾盘马上要结束了，人家点炮给你清一色，哪有不胡牌的道理？"

主人说："这话有道理，这种差距不是一般的大。"

这手牌虽然主动放炮清一色，依然净赚2倍基本分。

猜牌过程中的另外一种方法是概率估算。

数学中的概率知识在打牌过程中具有指导意义，在某些关键时刻，能为你的判断提供正确意见，助你一臂之力。

实战案例8

2023年6月的一个周末，几个老朋友聚会，聊天喝茶，打牌娱乐，各取所需。下面这手牌打得轻松愉快，干净利落。

桌面情况：两家万子，三家筒子和条子。

下家做筒子和条子：门前碰了6筒和9筒＋两副条子的碰牌，最后金钩钓，胡了上家的2条。

对家做筒子和条子：门前碰了4筒和5筒，之后连续打出7、8条，尾盘阶段还打出过3条，明显在做筒子清一色。

上家做万子和条子：尾盘阶段自摸，关住了我和对家。

尾盘阶段还剩我和对家继续战斗，牌墙还剩6张牌左右。

本人牌型为：

万1111 2225556678　筒3

实战图8

1万是暗杠，刚刚摸进8万，应该怎么打？

打3筒，可立马听牌，胡4、6、7、9万。问题是3筒能否出得去？

我没有看见的筒子牌有7张：

筒1267778

分析如下：

从组合情况来看，3筒出去会放炮。

但是对家清一色听牌的概率有多大？

按照概率计算，当牌墙上还剩6张牌时，牌墙中筒子一张都没有的概率不到百分之十（参看《麻将理论与实战打法》，由此可见，对家手中7张全部都是筒子的概率，不足10%。换句话说，对家手上的7张牌不全是筒子的概率为90%以上，根本谈不上清一色听牌。

实战过程：

打3筒！风平浪静。

最后结果：

当牌墙上还剩两张牌时，摸9万，清一色带根自摸。

验牌结果：

对家果然无听。其手牌为：

筒444 555 126777　条3

最后一张牌是8筒，如果对家早点摸上手，就胡3筒。

猜牌时对方的肢体动作会给你提供很多信息。

打牌过程中，行为语言要规范，尽量减少不必要的肢体语言，因为肢体语言会把你的牌情暴露出来，而你自己可能还浑然不知。

实战案例9

2023年10月的一个周末，应朋友之邀在茶楼切磋牌技。下家的朋友打牌很熟练，手指识牌很厉害。很多时候牌都不看，只用手指摸一下就知道该打还是该留。但是在打牌过程中，其动作语言太明显，江湖气息很浓。

下面这手牌，中局阶段形成。

桌面情况：四家都做条子和万子。

1条已被上家碰，4条打现1张。

下家打完筒子后，暗杠8条。之后，摸牌上手，思考片刻，打2条，并将牌扣在牌桌上，明显已听牌，其表情是志在必得。

下一轮，摸牌后看都没看，就啪的一声，将摸张在桌面上重重一扣，摇头，叹了一口气；之后将摸张插进手牌中，重新打出3条。

本人牌型：

条2455667　万5678889

原本单吊2条，刚刚摸进9万，该怎么打？

实战图9

分析如下：

如果打2条，可胡4、7、9万。

现在下家的这一番肢体动作释放出的信息是：

上一轮2条打错了，非常后悔。从1条已经被碰，4条打现1张这个情况来看：原本可以打3条，胡2条和某张牌对杵，但最后还是选择了打2条，胡1、4条。谁知居然又把2条摸回来了，所以，用拍牌、摇头、叹气来表示后悔。现在打3条很可能要把2条重新胡回去。

总之，打2条是很危险的。

实战过程：

打9万！

桌面平静。

牌型变为：

实战图9-1

依然单吊2条。

之后摸3条，退6条

牌型变为：

实战图9-2

重新听牌：胡2、5、8条。

最后结果，对家打5条，放炮给我。

事后一观战者说："教授这牌拿得稳，三个听的万子都不要。"

验牌得知，下家的牌型：

条228888　万23344577

如果打2条，正好撞到下家的枪口上。

实战案例10

下面这手牌是我当年参加重庆市竞技麻将比赛，在淘汰赛阶段出现的，很有参考价值，现分享给大家。

桌面情况：

坐对家的牌手是个江湖高手，牌打得很熟练。他的习惯性动作就是每次下听之后，就把手牌扣在桌面上，一副志在必得的表情。为此，裁判两次提醒他，不能这么做，摆牌要规范。

中局阶段，对家摸进一张牌，思考片刻之后，打出8筒，然后又将手牌扣在桌面上。由于之前这个动作被裁判警告过，所以他马上又把手牌竖起来。其实这个动作本身就已经把他听牌了的这个信息告诉大家了。

下一圈，对家摸牌后，立刻将这张牌在桌面上重重地扣了一下，摇头叹气，然后将牌插进手牌中，思考片刻，最后打出9筒。

本人牌型很好，见下图：

万1113456　筒1118　条111

刚刚摸进8筒，该怎么打？

实战图10

原本好端端的一手牌——"三同刻"，听牌2、3、6万，三个听，自摸的可能性很大。却没想到，摸进了8筒，怎么办？

分析如下：

第一，对家摸牌后，重重扣牌，摇头叹气，然后将摸张插进手牌中，思考片刻，打出9筒。

第二，这些肢体语言说明他后悔了，后悔刚刚出的8筒。

第三，从第一次思考良久后打出8筒，到第二次打出9筒，以及这中间的后悔动作来看，可以推出以下结论。

对家之前摸牌后的思考，最后打出8筒，大概率是在考虑：是对杵听牌，还是边张听牌？因为这两种听牌其机会数都是4。打8筒很有可能是下了对杵听，胡9筒和另外一个对子。

之后，对家很可能是把边张7筒摸上手，后悔了，所以才有前面上演的一系列肢体动作；如果当初听牌边张7筒，现在就是自摸。如今打9筒，很有可能是想把之前打过的8筒重新胡回去。

总之，打8筒是很危险的。

实战过程：

打6万。

牌型变为：

实战图10-1

重新听牌：单吊8筒。

这么好的一手牌，如果为了下多个听，企图贪自摸，且明明知道8筒很危险，却偏要去冒这个险，那就是赌徒意识；真要是放炮了，恐怕自己都无法原谅自己。所以最明智的选择只能是扣住8筒，改打6万。

最后结果：

上家打8筒，对家迫不及待地喊胡，但被我抢先胡牌。

对家最后的牌型：

筒3379　万123456789

之前就是胡3、9筒对杵。

事后，一旁的裁判说："朱老师这个牌拿得真稳，算得好准哟。"

实战案例11

2024年7月上仙女山避暑。上山后的第三天在朋友家打牌娱乐。下面这手牌用观察分析法，推出了很好的结果，特记录如下，以供欣赏。

桌面情况：

两家筒子，三家万子，三家条子。对家王女士做筒子和条子，我做筒子和万子。

对家是庄家，起手就缺万子，开牌打出的第一张牌是9条。之后连摸三圈的万子，通通打掉。

第四圈，桌面上出现1筒，对家立马喊碰，碰牌后却犹豫不决，思考片刻之后打出2条。

之后，对家先后碰了3筒和5筒，从手牌里相继退出4条和5条。

此时已是中局后期，本人牌型如下：

筒2226778　万3334567

刚刚摸进5万。应该怎么打？

实战图11

如果打掉7筒，万子就是火箭筒，听牌2、4、5、7、8万，5个听，自摸的可能性很大。

如果惧怕对家的清一色，那就打7万，单吊7筒。

分析如下：

第一，从对家行牌过程来看：先打9条，后打2条，最后打4、5条，是很正常的。现在门前碰了三副筒子，手上剩四张牌，似乎清一色已听牌，且听牌范围在6~9筒的可能性很大。

第二，但是，从对家碰1筒，然后迟豫，思考片刻后打出2条这个事情来看，对家的2条应该有靠张，如果是孤张，用得着犹豫和思考吗？从之后碰3筒，碰5筒，先后退出4条和5条来看，对家应该是在112条和45条之间犹豫，是先打45条好，还是打2条好。

第三，对家是清一色的可能性不大，其手上剩下的四张牌，大概率应该是一对1条和另外两张筒子。

结论：对家的牌型看上去很吓人，但大概率不是清一色，即便7筒出去放炮，顶多也就是个对子胡，此其一。

即使7筒放炮给对家，自己这手牌是火箭筒，自摸的可能性非常大，损失的部分应该可以弥补，此其二。

实战过程：

打7筒！

牌型变为：

实战图11-1

现已听牌：2、4、5、7、8万。

那一刻，刘女士说："教授，你还敢打7筒呀？"

7筒出去，对家立马喊碰，然后打出1条，手上单吊。

显然对家要把牌做大：朝清一色或对子胡金钩钓发展。

事实证明，对家果真不是清一色，确实有一对1条。

刘女士和另一位牌友不约而同地说："不是吊2条，就是吊3条。"

王女士说："朱教授应该最清楚。"

最后结果：

下一圈，我自摸8万，关三家。

紧接着，对家王女士1条自摸。边摸边说："原本打算做清一色，现在金钩钓自摸就算了。"

刘女士说："你这不就等于清一色自摸了吗？"

盘后点评：

此战获胜，完全得益于正确的推理判断：对家大概率不是清一色。在此前提下，才敢大胆地打出7筒，最终自摸关三家。

第三节　猜牌中的1-2推论法

1-2推论法就是首张推论法，首张＋次张推论法。

首张是指打缺不要的花色后，从手牌打出的第一张牌；次张是指从手牌中打出的第二张牌。中间如果有过渡张，则是无用张。

从次张的定义可以看出，次张可能在首张后的第二圈出现，也可能在首张后的第N圈出现。之所以称它为次张，是因为它和首张有内在的关联，它们打出的先后顺序体现了其中的逻辑关系。

从首张牌可以得到哪些有用的信息？从首张牌＋次张牌又可以得到哪些有用的信息？下面就来探讨一下这个问题。

一、首张推论法

如果某牌手开牌时打出12或89，说明他的手牌一般般，属于正常情况，目前，还不是你重点观察的对象。

如果某牌手开牌时打出的是456这样的一个中张牌，那说明他的手牌比较好，完全可以成为你重点观察的对象。

以首张打5为例：

第一种情况，5这张牌是多张或孤张的可能性很大。5的下边没有4，上边没有6；而且有3和7的可能性也很小。

第二种情况，要警惕这个牌手碰1或2，碰8或9。因为其手牌里很有可能有112、221、889、998等。

首张打出的是4或6可以照此逻辑推理分析。

二、首张＋次张推论法

如果首张牌打出的是12或89边张，次张牌打出的还是12或89，说明其手牌不咋样，很一般。

如果首张牌打出的是12或89边张，次张牌打出的是456的中张，说明其手牌一般，行牌正常。

如果首张打出的是中张，次张打出的是12或89边张，说明其手牌很好。可以由此推导出很多有价值的信息出来。

具体推导过程如下：

（1）如果首张打5，次张打1。

第一种情况，5是多张或孤张的可能性很大，手牌好。

等二种情况，5的下边没有34，上边没有67，这种可能性很大，否则开牌打5就不合逻辑。

第三种情况，手牌很可能是112，122，刚刚摸进3或2，所以打1。手牌是113或133的可能性很小，否则开牌打5不合逻辑。889，899同理。

第四种情况，手牌好，很可能已经成为一进听，或已经下听。

（2）如果首张打5，次张打2。

第一种情况，5是多张或孤张的可能性很大，手牌好。

等二种情况，5的下边没有4，上边没有67的可能性很大，否则开牌就打5是不合逻辑的。次张打8同理。

第三种情况，手牌很可能有112，122，233，刚刚摸进1或3，所以打出2。如果是778，889，899同理。

第四种情况，手牌好，很可能已经成为一进听，或已经下听。

其他情况可以按此方法推演。

三、1-2推论法实战案例分析

实战案例1

2017年凤凰卫视台采访我之后，很多媒体也相继作了报道，有很多的麻将爱好者前来拜访。下面这手牌是两个麻将爱好者来重庆，经朋友的朋友介绍后认识，在一家酒店里的茶楼打牌切磋时出现的。

桌面情况：两家做万子，三家做筒子，三家做条子。

对家做万子和筒子，我做万子和条子。

对家打完条子后，摸进一张牌，然后思考，片刻之后，暗杠6万，再摸牌上手，打出6筒。下一圈，桌面上出现2万，之前桌面上出现过，对家叫碰，然后退8筒。之后，对家都是摸张打张。

中局阶段本人牌型如下：

万11334578999　条45

实战图1

当桌面上出现9万时，立马喊碰。接下来，应该怎么打？

分析如下：

第一，9万只能碰不能杠，因为6万已经被对家杠了，若我再杠9万，那么78万就基本上打死了，所以杠9万不可取，只能碰。

第二，对家首张打6筒，次张打8筒，说明8筒的上边有一对9筒的可能性很大。对家应该不是清一色，是对子胡的可能性大。

第三，对家暗杠6万之前犹豫，说明6万的上面有78万，下面有45万的可性很大。但暗杠6万说明他手上的万子不可能有两副成牌；如果有，就不会暗杠。如：万45666678，6万做将肯定不会暗杠。

第四，现在打3万可以听牌3、6条，但就现在的情况来看，对家要下听应该是非常困难的。既然如此，我为何不去做清一色呢？

实战过程：

打4条。

牌型变为：

实战图1-1

之后，摸3万，退5条。

牌型变为：

实战图1-2

现已听牌：胡1、3万。

最后结果：

牌局结束后验牌，对家果然无听。

其牌型为：

万222 6666 14588　筒99

事后，对家问我："朱教授，如果桌面上出现1万，你胡不胡？"

我说："可能性小。如果胡牌了，你暗杠的6万不就有效了吗？"

实战案例2

2022年6月的一个周末，应邀参加一个朋友的生日宴会。饭后，在主人的盛情安排下，来到酒楼的机麻房间切磋牌技。

桌面情况：四家都做筒子和万子。

对家打完条子后，首张打出6万。下一圈摸条子打掉。再下一圈，碰3筒退1筒。又过一圈，摸牌后从手牌中打出2万。再后来，碰8筒退9筒。之后明杠3筒，紧接着又明杠8筒，然后摸2万打掉。

此时，我的牌型为：

筒234456　万3477888　9

实战图2

刚刚摸进9万。

8万已经是碰牌，原本听牌2、5万，现在应该怎么打？

分析如下：

第一，对家那天手气好，他的筒子清一色是有可能做成的。

第二，从他首张打6万，次张打2万（虽然中间打过条子，碰3筒打过1筒，但真正有效张是2万）。对家的6万很可能是孤张。打2万很可能是摸进了1万或4万（从当时的现场情况，即我的手牌和桌面上打出的万子来分析，对家的低张万子很可能是223）。所以对家手上应该有一副万子牌：123或234，根本不可能是筒子清一色。

第三，从对家碰3筒，碰8筒，打2万来看，其已听牌，且胡牌方向在中张筒子和高张万子上的可能性很大，因此打9万是非常危险的。

第四，对家首张打6万，手上没有45万和78万的可能性很大。

综上分析：打3、4万最安全。

实战过程：

打3万！

两圈之后，摸9万，退4万。

牌型变为：

实战图2-2

现已听牌：胡7、9万。

最后结果：

对家打7万，成全了我；下家打5筒成全了对家。

牌局结束后验牌，对家的牌型：

筒3333　558888　万12399

对家的听牌是5筒和9万对杆。

实战案例3

2023年10月，国庆期间亲友聚会，多年未见的亲戚朋友得以见面，气氛很是热烈，期间连续打了几次麻将。下面将其中一副"1-2推论法"的案例介绍给大家，供大家学习参考。

桌面情况：两家万子，两家条子，四家筒子。

我和对家做万子和筒子。

对家打完条子后，首张打出5筒。下一圈摸条子打掉。再下一圈，摸牌后从手牌中打出1筒。之后连续碰2万和1万，从手牌中退出4万和5万。再之后，明杠1万，明杠2万，摸条子打掉。

此时，我的手牌为：

万45678999　筒678899

原本听牌：3、6、9万和9筒。

刚刚摸进8筒，现在应该怎么打？

实战图3

分折如下：

第一，对家碰2万和1万之后，连续退出45万，似乎万子清一色已经听牌。但从对家首张打5筒，次张打1筒来看，对家手里应该有一副低张筒子：222或123的可能性很大。从当时的情况来看，222筒的可能性大于123筒。因此，对家不可能是万子清一色。

第二，对家很可能是在做对子胡，胡牌方向在万子和筒子的高张区间的可能性很大。因此，打89筒非常危险。

第三，从对家首张打5筒来看，5筒很可能是孤张，其手上没有34筒和67筒的可能性很大。打6筒的安全系数很高。

实战过程：

打掉6筒！

牌型变为：

实战图3-1

重新听牌：胡边张7筒。

从原来的4个听，变为现在的1个听，实属不得已而为之。

最后结果：

居然7筒自摸，关住三家。

结束前，对家胡了上家打出的8筒。

之后验牌：对家胡7万和8筒对杵。

事后询问对家，其原始牌型为：

万11224577　筒122588

实战案例4

2023年12月的一个周末，为庆祝新年的到来，几位老友相约在某酒楼聚会。饭后，大家兴致颇高，就在茶楼里打牌娱乐，人多接下。

桌面情况：两家做筒子，三家做万子，三家做条子。

对家做筒子和条子，本人做筒子和万子。

对家打完万子后，首张打出4条。之后两圈摸万子打掉，第三圈摸牌后，打出9条。再之后，碰2筒，碰1筒，连续打出一对1条。

本人牌型如下：

万22234567　筒345688

实战图4

刚刚摸进2万，应该怎么打？

如果打3筒或6筒，可听牌8筒和2、5、8万，自摸的可能性很大。

实战过程：

几乎是不假思索地打出3筒！

桌面平静。

之后，桌面上出现8筒，碰牌后，放飞7万。

牌型变为：

实战图4-1

重新听牌：胡：1、3、4、6万。

左边的万子是火箭筒。

最后结果：

一圈后，自摸6万，关住三家。

之后，上家打7筒，成全了对家。

结束后验牌，对家的牌型：

筒111 222 777 99　条888

事后，有观战者问我，当初不怕对家的清一色打3筒，是不是为了4个听的自摸牌型，赌了一把？

我说，用首张和次张推论法，可以马上确认对家不是清一色。

分析如下：

对家首张打4条，次张打9条，手上的条子牌型很可能是114889条，所以先打4条；之后，摸进了8条，退9条，其手上有一副高张的条子几乎是肯定的。虽然碰2筒，碰1筒，连续退了一对1条。那只能说，筒子的牌型更好，并且筒子是两家做，资源更丰富。

只有这种解释才符合逻辑。

所以对家不可能是清一色。

实战案例5

2022年五一期间，参加朋友的生日宴会。饭后，主人很热情地安排大家打牌娱乐。下面这手牌是中局阶段出现的。

桌面情况：三家筒子，三家条子，两家万子。

下家做筒子和条子，开牌就暗杠7筒，打完万子后，先后退出了9筒和8筒；再之后，摸牌上手退出了3筒。

中局阶段，本人牌型如下：

筒1223346　万2346678

原本已听牌，胡6、9万。刚刚摸进6筒，应该怎么打？

实战图5

现在的问题是，我这6筒能否出得去？

分析如下：

下家打3筒可以认为是首张，因为开牌就暗杠7筒，89筒无根了，所以先打掉89筒很正常。在哪种情况下，会开牌打3筒？

第一种情况，孤张。上下没5或1，更不可能有4或2。

第二种情况，多张。比如1233，2334。

第三种情况，诱张，企图碰6筒或杠6筒。

排除如下：

首先，第二种情况不成立。如果成立，下家手上开牌就至少有10张筒子，在这样的情况不尝试做清一色，反而打3筒是不合逻辑的。

其次，第三种情况也不成立。因为，如果3筒是诱张，其手中开牌也应该有9～10张筒子，其牌型是366777789，或3666777789，这样的牌型大多会朝清一色发展，不可能打3筒，除非条子已经听牌，且至少两个听。

结论：　打6筒安全，最多是碰牌。

实战过程：

打出6筒！

牌型变为：

实战图5-1

依旧听牌6、9万。

6筒出去后，下家就陷入思考，没有采取行动。

上家不耐烦了："你胡不胡，不胡我胡了哟。"

下家说："我不胡，我要碰。"

上家说："你太慢了，不给你机会了。"

上家果真胡牌了，边胡边说，"朱教授，给你机会打自摸。"

结果，真的就是9万自摸。

下家埋怨上家："你这个乌鸦嘴。"

结束后验牌，下家当时的牌型为：

筒66 7777 条12346888

我打6筒使下家陷入了两难境地：碰6筒可以改变听牌质量，把一个听变成两个听；但现在该他摸牌，万一是自摸呢？

所以，下家为6筒思考和犹豫。

实战案例6

2023年10月的一天，友人来访，多日不见，相谈甚欢，饭后大家聊天喝茶，打牌娱乐。下面这手牌赢得了大家的赞扬。

桌面情况：四家都做筒子和万子。

对家老苏打完条子后，首张打5万；之后摸牌上手，打出2万。再之后，连续碰2筒和1筒，相继打出9筒和8筒。以后就是摸张打张。

尾盘阶段，本人牌型如下：

筒34577 万134555777

实战图6

刚刚摸进5万，应该怎么打？

如果打1万，可听牌7筒和2、5万。

实战过程：

退4万！

牌型变为：

实战图6-1

现已听牌：胡2万。

打出4万那一刻，观战的几位老友纷纷议论：

"怎么打4万？"

"三个听打丢了。"

……

下一圈，桌面上出现7万，直杠后摸条子打掉。

牌型变为：

实战图6-2

依然听牌2万。

最后结果：

老苏打2万成全了我。

事后，观战者希望我解释一下："为何当初不打1万，而打4万？是担心1万出去被杠吗？"

我说："不是担心，而是大概率会被杠。"

众人皆曰，愿闻其详。

我的分析：

第一，老苏首张打5万，说明他的手牌很好。

第二，老苏次张打2万，说明5万是孤张的可能性很大，且2万的旁边大概率有一对1万，或有一对3万；打2万说明1万或3万已经成副。从后面的情况来看，3万成副的可能性不成立，那就只能是1万。

第三，老苏后来碰2筒，碰1筒，连续退出9筒和8筒，说明他对子胡下听的可能性很大，特别是中张筒子和高张的万子危险性很大。

第四，我这1万出去被杠倒是小事，万一对家杠上开花，那就亏大了。打4万，不仅保住了2万的听牌，同时还有诱出7万的作用。

听完分析后，大家点赞称奇。

老苏说："朱教授太狡猾了。"

验牌得知，对家的牌型：

筒**111 222** 66　万11199

实战案例7

2024年1月的一个周末，老同学聚会，庆祝新的一年。饭后在酒店茶楼打牌娱乐。气氛热烈，观战者甚多，其中一副牌打得很是自豪。

桌面情况：两家筒子，两家条子，四家万子。

对家和我做筒子和万子。

对家打完条子后，暗杠3筒，摸条子打掉。下一轮，打出4万，这个4万应该是首张。两圈后，打出8万，这个8万应该是次张。

接下来，碰5筒打4筒。再后来，碰7筒打6筒。

门前三副筒子，很是吓人，其手上剩四张牌。之后对家基本上是摸张打张，似乎清一色已经听牌。

现已进入残局阶段，本人牌型为：

筒112789　万11134579

应该怎么打？

实战图7

实战过程：

打2筒。

牌型变为：

实战图7-1

现已听牌：胡8万。

打出2筒，观战的老黄立刻说："教授，你还敢打筒子。"

我说："他是对子胡，手上有三张这个。"我指了指手牌中的9万。

老黄赶紧过去看牌，"教授，你猜得太准了，怎么猜的？"

对家说，"教授，你是不是带了透视眼镜？"

老黄说："教授，等会你给我们讲讲。"

之后，桌面出现1万。直杠后，摸6万，退3万！

牌型变为：

实战图7-2

依旧听牌8万。

9万是不能打给对家杠的。

老黄冲对家说："你那个牌，教授已经给你算死了。"

最后结果：胡了上家打的8万。

事后，大家让我讲一讲是如何猜出这手牌的。

解读如下：

第一，对家门前的三副筒子看起来很吓人，其实不可能是清一色，因为对家手上肯定有万子。原因是下面第二条。

第二，通常情况下，应先打边张后打中张。现在对家先打4万，后打8万，只能说明，8万的旁边有靠张，之后锁定9万成副并不困难。

第三，对家剩四张，999万加一单张，对子胡听牌是必然的。

解读后，众人曰："教授，除了我们，可能没得人陪你打牌哟。"
这是后话。

验牌得知，对家一开始的牌型如下：

筒333455679　万4899

因此，先打孤张4万是必然的。

第四节　主牌花色＋副牌花色推论

通常情况下，开牌的首张是先打多张，再打孤张。同样打成都麻将，在三家或四家都做两门花色的时候，也应该这么打。

请看下例：

当三家或四家都做筒子和万子的时候，应该怎么打？

筒1247899　万1555889

1筒是多张，1万是孤张，打牌顺序应该是先打1筒，再打1万。

如果情况变为两家做筒子，三家做万子和条子的时候，那么出牌的顺序就会发生变化。筒子就应该优先保留，首张打出的就应该是万子。无论这张万子是多张还是孤张。

由此可以得出两个很有实战价值的推论：副牌花色推论和主牌花色推论。

一、副牌花色推论

如果对方首张打出的是副牌花色。不排除他会去做主牌花色的清一色。首张牌是孤张的可能性比较大，因为他可能会去做清一色，因此先把副牌花色的单张打掉，这种可性比较大。

既然打出的是单张，原则上其上下无连张，无靠张，这对你以后的舍牌、听牌、胡牌都有重要的参考价值。

二、主牌花色推论

如果首张牌打出的是主牌花色。那就说明：

第一，其做牌方向不是清一色。

第二，这张牌是孤张的可能性很大，

第三，副牌花色比较好，最少应该有一副以上的成牌。

上面三条之所以成立，理由其实很简单：

既然是两家做一门花色，资源丰富，正常情况下应该去做清一色，开牌就应该打副牌花色；而现在对方却反其道而行之。那只能说明，他的副牌花色很好，最少应该有一副以上的成牌，说不定还有一副刻子。

而且首张打出的这张牌是孤张的可能性很大。因为两家做一门花色，手上主牌花色的张数大概率有7张以上，加上副牌花色好，所以首张打主牌花色，是单张的可能性大，且整体上对手的这手牌不会差。

实战案例1

2023年5月，和朋友北碚缙云山郊游，饭后打牌娱乐。下面这手牌是开牌阶段形成的，之后用上述推论法成功避险。特记录如下：

万13566689　条244668

桌面情况：两家筒子，三家万子，三家条子。

对家做筒子和万子。条子打完后，首张打出的是2万。

现在应该怎么打？

实战图1

分析如下：

对家首张打2万，是很正常的开牌，不排除对家要去做清一色的可能。目前尚不能判断2万是不是孤张。

此外，由边张防务：打2防1。须提防对家有一对1万或有3张1万。既然如此，为谨慎起见，决定先打2条。

实战过程：

打2条。

牌型变为：

实战图1-1

下一圈，桌面上出现1万，对家毫无反应，说明对家首张打出的2万是孤张的可能性很大。

再下一圈，下家碰5万打4万。

至此，可以基本确定，万子牌的1234万不仅安全，而且资源比较丰富，留下手中的135万有比较好的做牌资源和空间。

之后，摸5条，退8条。

牌型变为：

实战图1-2

随着牌情的进展，桌面上出现9万，对家碰牌后打出7万。至此，对家做筒子清一色的危险已解除。

之后，摸7万，退6条。

牌型变为：

实战图1-3

接下来：

摸4万，退4条。

牌型变为：

实战图1-4

现已听牌：胡2万。

最后结果：

对家再次打2万，成全了我的胡牌。

紧接着，下家摸3筒打3筒，成全了上家的清一色。

如果我2万没有胡牌，上家就是筒子清一色自摸。

盘后点评：

此战有惊无险，得益于用副牌花色推论和边张防务推论得出的对万子牌的准确判断。

实战案例2

2023年6月，同学聚会，聚会结束后，喜欢打成都麻将的几位同学相约茶楼娱乐。下面这手牌打得颇有些自豪。

桌面情况：两家筒子，三家万子，三家条子。

本人做筒子和条子，对家做筒子和万子。

对家开牌就暗杠1筒。条子打完后，首张打出的是3筒。之后碰9筒退8筒。再后来，直杠1万，摸牌上手后思考片刻，然后打4万。

此时，本人牌型如下：

筒222345677 条34555

应该怎么打？

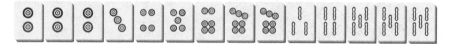

实战图2

如果打7筒，可以听牌2、5、8筒带2、5条。

问题是7筒出去的危险性有多大？

分析如下：

从对家已经暴露的筒子来看，已经有7张，在两家做筒子，资源丰富的情况下，对家放弃做筒子清一色，只能说明他的万子很好。从后面直杠1万来看，的确不错。

对家暗杠1筒之后，首张打出3筒，说明3筒上下无连张，是孤张的可能性很大。

对家碰9筒退8筒，很可能已经听牌，因为万子牌很好。如果听牌，胡牌的方向在什么地方？这有两种可能：

一种情况是在万子上面。在这种情况下，躲是躲不开的，只能听天由命，寄希望于其他两家去放炮。

一种情况是在筒子和万子。从退3筒和退8筒来看，筒子不太可能胡两头听，最有可能的是有一对6筒或一对7筒，胡筒子和万子的对杵，做对子胡。也不排除6筒或7筒作将，胡万子两头听。

从对家最后摸牌上手，思考片刻后打出4万来看，对家一定是在胡万子的两头听还是胡筒子和万子的对杵听上纠结。从已经摆在门前的三副牌来看，对家胡对杵听，做对子胡的可能性更大。一是做对子胡带双根是满牌，二是因为筒子两家做，资源丰富，更容易胡牌。如果是这样，那么，打7筒就很危险。万一撞在枪口上就是满牌。

实战过程：

打3筒。

牌型变为：

实战图2

现已听牌：胡7筒和2、5条。

最后结果：

上家打7筒，点了我的小胡，点了对家的对子胡带双根的满牌。

观战的同学说："教授算得太准了，5个听不要，胡3个听。"

对家的牌是：

筒1111 77 999　万1111 33

对家摸4万思考，就是在犹豫胡两头听还是对杵听。

盘后点评：

此战有惊无险，躲过了一场劫难，只输了一个基本分，这完全归功于前面介绍的"主牌花色推论"。

实战案例3

2023年10月，长假期间，亲友聚会，打牌娱乐，甚是热闹。其中一手牌，用推理打法，锁定危险张，成功突围。特记录如下，供大家欣赏。

桌面情况：两家做筒子，三家做万子，三家做条子。

对家做筒子和条子，本人做筒子和万子。

对家打完万子后，首张打出2条。之后，摸牌上手陷入思考。

上家调侃："你比老太婆还慢。"

下家也说："你的牌是不是好得很，准备下几个叫嘛？"

对家最后打出了7条。下一圈，对家碰8筒，退8条。之后摸8筒明杠，摸万子打掉。再之后碰2筒，退1筒。尾盘阶段，碰4筒，退5筒。

本人牌型如下：

筒34567999 万111222

应该怎么打？

实战图3

对家门前三副筒子，8筒还是明杠。之前连续退出7、8条和1筒，似乎清一色已经听牌。如果惧怕对方清一色，那就退2万，胡2、5、8筒。

分析如下：

对家首张打2条，属正常开牌，三家做条子，孤张的可能性大，优先保留两家要的筒子在情理之中。

但是对家第二张牌经过长考之后打出7条就不正常了；结合后面碰8筒退8条来看，对家在退78条时很纠结，为什么会纠结？

有很大的可能是，在78条的末端有3个9条。如果只是7条和8条，加上之前的2条，不过只有三张条子，那肯会朝筒子清一色去发展，完全用不着长考，用不着纠结。

另外从对家碰2筒退1筒来看，对家应该无3筒。如果有3筒，对家碰2筒退1筒和3筒那就是做无用功，逻辑上是讲不通的。

此外，对家最后碰4筒退5筒，手上剩四张牌，很可能是对子胡单吊7筒，原本胡间张6筒。如果是单调6筒，那对家就是胡4、7筒，放弃了胡牌，碰牌后重新单吊，走对子胡路线。

综上分析：

第一，对家不是清一色。

第二，对家有3个9条的可能性很大。

第三，对家的听牌不可能是3筒。

实战过程：

打3筒。

牌型变为：

实战图3-1

现已听牌：胡4、7、8筒。

下一圈，摸2万暗杠，再摸条子打掉。

牌型变为：

实战图3-2

依然听牌4、7、8筒。

2万杠了，1万出来是肯定的。

再下一圈，下家打1万，直杠之后，摸7筒，双根杠上开花。

紧接着，对家7筒单吊自摸，对子胡带根。

验牌得知，对家一开始的牌：

筒12244588　条278999

打2条后，下一手摸7筒，有9张筒子，所以在退筒子还是退条子上纠结。最后选择了退7条，毕竟两家做筒子，把方向定在筒子上机会更大一些。之后碰8筒，退8条；再之后碰2筒，退1筒，听牌6筒。最后碰4筒，退5筒，单吊7筒，对子胡带根。

盘后点评：

此战完胜，得益于前面介绍的"副牌花色推论"。

实战案例4

2024年元旦期间，参加朋友的生日宴会。之后在朋友的热心安排下，在酒店茶楼打牌娱乐。其中一手牌用推理打法钻了一个空子，取得了很好的战绩。请看下面这局牌。

桌面情况：上家做筒子和条子，下家做筒子和万子，我和对家做万子和条子。

下家打完条子后，首张打出的是1筒。

对家打完筒子后，首张打出的是1条。

上家首张打4条，说明他要去做筒子清一色的可能性很大。

我是最后一个打缺的人。牌型如下：

条12223558　万135589

应该怎么打？

实战图4

分析如下：

下家首张打主牌花色1筒，说明他没有去做筒子清一色的打算，其副牌花色万子肯定比较好。

对家和上家都是首开条子，说明他们并不看好条子。虽然条子三家做，我正好利用他们不看好条子这一点，偷偷地经营自己的条子。

实战过程：

打1万。

牌型变为：

实战图4-1

实战过程：

摸7条，退3万。

碰2条，退9万。

摸9条，退8万。

牌型变为：

实战图4-1

现已听牌：胡5条、5万。

此时已到中局后期。

接下来，5条现身，碰牌后放飞5万。

牌型变为：

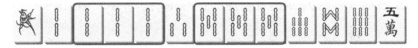

实战图4-2

重新听牌：单吊5万。

还差一张牌就是清一色带根听牌。

没想到下一圈，上家摸牌后突然暗杠9筒，气氛一下子就紧张起来。之后，上家基本上就是摸张打张，很明显筒子清一色已经听牌。

当时还真后悔不该放飞鸽。只因那天牌顺，赢得有点飘了。

下一圈，摸4条，退5万。

牌型变为：

实战图4-2

重新清一色听牌：胡1、4条。

就在这一圈，对家打8筒成全了上家的清一色带根胡。

上家的威胁解除了。

紧接着，我自摸4条，清一色带根胡，关住两家。

盘后点评：

此战大捷，完全得益于仔细的观察和主牌＋副牌花色的推论。

第七章　逆风局突围

顺风牌好打，人人都会打。真正的高手会打逆风局。逆风局如何突围？这是很多的牌手都非常关心的一个话题，也是很多牌手都希望能够解决的问题。本章就从心理层面和技术层面来探讨一下这个问题。

第一节　心理因素和环境因素

一、心理因素

当牌手处于逆风局，打牌不顺，输得很多的时候，其心理活动会发生很大的变化，很容易产生两种极端情绪：

一种是输怕了。思想上放不开，处处小心谨慎。原本该贪的牌不敢贪了，该打的不敢打了；最怕放炮，结果是越怕越放炮。

另一种是赌徒心理。一门心思想把输掉的赢回来。不怕苦不怕累，忘记了时间，忘记了休息；殊不知越打越输，越陷越深。

这些都是普通牌手在逆风局的情况下，最容易产生的心理活动。如何克服这些不好的心理因素，让自己心理强大起来？

建议如下：

首先，在打牌的过程中注重自身的修养，任何时候不骄不躁，以平和的心态面对桌面上的一切变化，心如止水。

其次，把打牌看作是愉悦心情的一种休闲活动，克服赌徒心理，只参与在自己心理承受范围内的活动，绝不越界。

最后，任何时候都要有克制力、自控力。按事先规定的时间结束活动，说到做到，绝不恋战，不打持久战，不打消耗战。

二、环境因素

你之所以处于逆风局，与环境因素应该有较大的关系。

环境因素包括自身环境和外部环境，如何改变环境呢？

首先，改变自身环境。这一点最为重要。活动之前，注意自己的仪表形象，穿着大方得体，绝不邋里邋遢。好的运气总是与举止高雅、思想崇高的人相伴，绝对不会与邋里邋遢、语言粗俗、素质低下的人为伍。

其次，养成良好的行为习惯。尊重他人，尊重牌局，轻拿轻放，文明礼貌，有绅士风度。良好的文明习惯必然会产生良好的结果。

再次，选择良好的活动环境。比如，活动场地宽敞明亮，干净整洁，空气新鲜；或小巧雅致，恬静舒适，给人以舒服的感觉。千万不要去灯光昏暗，空气污浊，烟雾缭绕的环境活动。

最后，最好不要和陌生人活动。其中的道理不言而喻。

第二节　技术因素

本节主将从技术层面上探讨，在逆风局的情况下如何操作牌局。

一、改变打牌风格

操作上与原来的打牌风格反其道而行之，原本不该吃的牌把它吃掉，原本不该碰的牌把它碰掉；特别注意吃旺家的牌，碰旺家的牌。

虽然不确定这种操作可能改变牌运的科学依据是什么，但从数学原理上讲，碰哪家的牌，下轮你就会摸那家原本该他摸的牌，这一点是办得到的（参见《麻将理论与实战打法》一书）。吃牌同样如此，吃上家的牌之后，下一轮你就会摸上家的牌。也就是说，用吃牌和碰牌这种方式，可以改变摸牌的顺序，让原本该旺家摸的牌变成你去摸。

下面的几个案例就是本人在这个方面做的尝试。

实战案例1

2024年4月的一个周末，几个老朋友聚会。饭后打牌娱乐，非常轻松愉快。那天手气不好，遭遇逆风局，上半场几乎不胡牌。

他们调侃我："很少看见朱教授输牌。"

下半场，我决定改变战术打法。

朋友老苏那天手气特好，好几次小胡自摸都打出去，但是转过来他又自摸，运气就是围着他转。

下半场第一局，他坐我上家。

桌面情况：四家都做筒子和条子。

本人牌型：

筒1233588　条126778

这手牌，开局之后摸了一张牌就成这个模样，看上去还行。但是，之后连续六七圈摸万子；不想要的牌，它偏偏要来。显然遭遇了逆风局。

实战图1

继续按常规打法肯定不行。

下一圈，终于等来了机会。

上家老苏打出了3筒。怎么打？

实战过程：

果断碰牌，退5筒。

牌型变为：

实战图1-1

正常情况下，不可能碰3筒。而且是上家打的，更不可能碰。

非常时间采用非常手段，我也抱着试一试的心态，实践一下。

下一圈，上家又打出7条，再次碰牌，然后退6条。

牌型变为：

实战图1-2

接下来，摸1筒，退8条。

老苏说："教授，你这是啥子战术，碰7条，退6、8条？"

我说："没得法，想沾沾你的光呀。"

牌型变为：

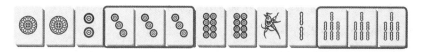

实战图1-3

实战过程：

之后，碰1筒，退2筒。

牌型变为：

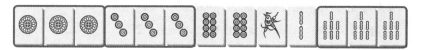

实战图1-4

现已听牌：胡3条。

紧接着，下一圈自摸3条，关住三家。

这是开战两个多小时以来，本人第一次自摸关三家。

那一刻，我在心中暗想：或许从此以后，牌运会好转。

事实果真如此，此战之后，情况逐渐好转；时不时有个小胡，甚至还会自摸，到最后牌局结束时，虽然还是输，但已经输得很少了。

实战案例2

2023年10月长假期间，亲朋好友欢聚一堂，休闲时打打牌。这期间我遭遇了一次罕见的逆风局，上桌之后，整整三个小时，只胡了三个小胡，输得也是够可以的了。怎么都摸不上牌。

记得有一手牌，本人打缺万子；四张万子牌从开局打到结束，直到最后一圈才打完，最后输三家是必然的事情。

这样的情况实属罕见，我很清楚，遭遇了逆风局。

下面这手牌是下半场的第一盘。我告诫自己，一定要改变战术打法，尽可能碰旺家的牌，最好能够胡旺家的牌。

桌面情况：两家万子，三家筒子，三家条子。

中局阶段，本人的手牌比较好。

筒234488　万5566789

实战图2

上家老唐那天牌运很好，怎么打都是赢。

当他打出4筒时，我毫不犹豫地碰掉，然后打2筒！

正常情况下，怎么也不可能这么打，那是因为，我对当天的摸牌进张失去了信心，决定改变一下打法。

牌型变为：

实战图2-1

这种打法等于浪费一手牌。

实战过程：

下一圈，摸6万，退3筒。

老唐说："碰4筒，退2、3筒，是啥子战术哟？"

牌型变为：

实战图2-2

现已听牌：胡8筒、5万。

接下来，摸7万。

如果退9万，可胡4、7万，机会数为6，且两家做万子。

如果退7万，继续胡8筒、5万，机会数为4，且三家做筒子。

正常情况下，肯定打9万。但这种正常思维那天就是不好使，另外上家打过7、9筒，不要8筒的可能性很大。于是想改变思路试一试。

实战过程：

打7万。

两圈以后，果然上家摸8筒打8筒，成全了我。

若是平常，我肯定会碰8筒，放飞5万，重新听牌：4、5、7万。但是那天的状况，的确没有这个信心；同时也很想试一下，胡上家的牌看看能不能改变一下逆风局中的困境。

说来还真有点奇怪，后来的情况得到了较大的改变，逆风局的困境有所改善，时不时还能够胡牌，偶尔还有个大胡或自摸。

最后结算比分，输了一点点，比起之前好了很多。

实战案例3

下面这手牌是当年参加重庆市竞技麻将个人邀请赛初赛中出现的。比赛前几轮，情况一般般，胡牌次数并不多。中场时出现了这手牌。

牌型：

筒123456　万1234567

实战图3

门前吃了三副牌：

筒123　456　万123

手上剩4567，只有自摸7万可胡。

这时上家打出5万。怎么打？

虽然现在已经有听，且轮到我摸牌，但是摸到7万的概率有多大呢？这种小概率事件，心中毫无把握，此其一。

如果吃5万，手上单吊，把牌型打成"全求人"，不仅番数增加不少，且任何人放炮都可胡，胜率提高很多，此其二。

当天上家的势头很旺，小胡不断，胡牌频率高；如果吃上家的牌或许能沾一点好运，此其三。

实战过程：

吃5万，退5万！

牌型变为：

实战图3-1

重新听牌：单吊7万。

上家说："有这种打法吗？怕不行哟。"

最后裁判认定不违规。

现在的情况大为改观，单吊任何一张牌都可以胡，无论谁打的。算是真正把这手牌打活了。

当时的想法是：等下一圈摸牌后，换个最容易胡的字牌。没想到，下一圈居然7万自摸。

此战之后，胡牌频率明显增多，最后顺利进入半决赛。

关于"改变打牌风格，反向操作；同时注重吃、碰、胡旺家牌，可能会改变逆风局困境"这个说法，谈谈我的观点：战绩的提升主要取决于个人的技术，但是否与这个因素有关系尚属探讨阶段。

第一，本人尝试性做了几次实验，逆风局困境却有一定改观。但从概率统计学来说，样本数量太小，不足以说明问题。

第二，从实验的样本来说，即便我的这种打法改善了逆风局中的一些困境，也不能说明别人用这种方法可以取得同样的效果。

第三，这种说法属于玄学范畴，尚属未知领域。在没有得到科学的答案之前，别急着肯定，也别急着否定，本着探索的态度为好。

二、采用反常思维

在逆风局的情况下，用常规思维和习惯思维打牌肯定行不通，既然行不通，那就采用反常思维试一试，不走寻常思维的打牌路线。

下面的几个案例是本人在这方面的尝试，供大家参考。

实战案例1

惊涛骇浪，"划船"求生。

2022年5月的一个周末，受朋友之邀参加一个饭局，之后朋友安排切磋牌技。上桌后就遭遇逆风局，两个小时，只胡了三四个小胡。

下半场的第一手牌，打完条子就成下面这个模样：

筒113455778　万2688

桌面情况：两家万子，三家筒子，三家条子；对家做万子和条子。

下一圈，桌面上出现1筒，碰牌后退2万。

接下来一圈，摸1筒明杠，再摸条子打掉。

牌型变为：

筒1111 3455778 万688

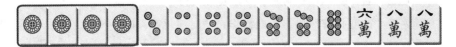

实战图1

好歹杠了一次牌。

那天情况很糟糕，能够明杠1筒已经是最大的胜利。正当以为牌运可以借此好转一下时，突然间，风云突变。

对家先碰2万，后暗杠1万，连续打出78条，做清一色的可能性很大；此外，两家做万子，资源丰富，我手中万子很少，对家万子多是大概率事件，这种打法表明其清一色极有可能已经听牌。

怎么办？

"划船"！坚定不移地"划船"。寄希望于上下两家去放炮。

接下来，摸9万，退5筒。

逆风局就是这样，越不想要的牌，越是来。

之后，摸4万，退8筒。

牌型变为：

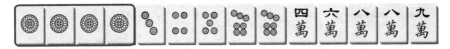

实战图1-1

实战过程：

就在这一轮，上家打出8万，对家无动于衷。本人想碰，但不敢碰，碰了8万，敢退9万吗，风险太大。

于是，摸3万，跟着退8万。

牌型变为：

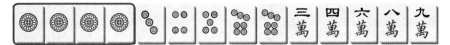

实战图1-2

坚决不放炮，对家自摸没办法。

下一圈，摸7万，退7筒。

牌型变为：

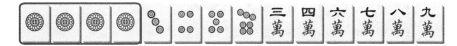

实战图1-3

心态平和，慢慢打吧。

再下一圈，摸3万，又退7筒。

牌型变为：

实战图1-4

居然听牌了：胡5万。

总算有听了，1筒明杠的有效性算是保住了，心中多少有点高兴。

接下来，下家摸9万打9万，点响了对家清一色带根牌的大炮。那一刻，心中的大石头终于放下了。

最后结果：

上家放下家的炮，上家自摸，结束战斗。

最后结算：本人不输，还赢1个基本分。

这手牌之后，情况大有好转，整场结束，还略有一点点正分。

主人说："朱教授，要赢你一次真不容易。"

这是后话。

实战案例2

绝境之策，不胡为大。

2023年6月的一个周末，参加老同学的生日聚会。之后，主人安排大家在酒店茶楼的大厅里打牌娱乐。

来到现场后，那地方看着就不舒服，人多嘈杂，灯光昏暗。

一个同学说："怎么是这样？"

主人说："很抱歉，订餐晚了，好地方没了，大家包涵一下。"

上桌后，两个小时不开胡，一直走背运。

他们调侃我："好不容易看到教授输一回。"

下半场开始的第一盘，中盘阶段又遭重击。

桌面情况：四家都做筒子和万子。

本人牌型：

筒125778　万1378899

实战图2

刚刚打完条子，牌型很一般。

开局很平静，中局阶段，对家突然发力，从最左边的位置，暗杠6筒，摸牌后，从左边第4张的位置打出1筒。

很明显，现在他左边的三张牌一定是2345筒的某些组合。

又过一圈，对家摸牌后，思考良久，从右边第3、4、5、6的位置拿出4万暗杠。其边杠边说："还是杠下来，整死。"杠牌后，摸8筒打掉。

两次暗杠，让氛围更紧张。此时，对家手中还剩7张牌。

分析如下：

对家手上显然没有高张筒子，桌面上打现的也是高张筒子。

对家在暗杠4万前思考，表明4万的上下有连张，下面很可能有23，上面很可能有56或57。

现在的低张筒子和低张万子，包括67的万子是危险区。

怎么办？

对家的牌完全是碾压三家，本人只好打防守，彻底"划船"。

……

之后，桌面上相继出现23万，对家无反应，说明对家手里是顺子牌23万的可能性很大。

本人在划船的过程中，先后摸上了3筒，1万和7万。

牌型变为：

实战图2-1

现已听牌：单吊9筒。

当牌墙还剩最后一圈时，上下两家都胡牌了。只剩我和对家"PK"。

对家摸牌上手后，犹豫不决，一会提这张，一会提那张，最后打出4筒，一看就是没有下听。

我摸进8筒，思考片刻依旧打掉8筒。

此时牌墙上还剩2张牌。

对家摸9筒打9筒，我放过（重庆人打"成麻"一般没有全带么）。

那一刻，观战者说："教授，你看错了吗？"

我笑了笑，说："没看错。"

最后一张牌是无用的条子。

验牌结果，对家果然无听，其牌型：

筒6666 22　万7754444 23

根据约定，如果我最后胡了对家的9筒，那么对家的两个暗杠就有效，我还输对家3个基本分；而现在，不仅不给对家两个暗杠的奖励分，对家还倒输我1个基本分。一正一负对我来说是赢了5个基本分。

至此一战，手气开始好转。全场结束时，基本持平。

实战案例3

主动放炮，化险为夷。

2023年3月的一个周末，朋友聚会，之后在酒楼的棋牌室打牌娱乐。那天运气不佳，坐上牌桌后的前两个多小时，几乎没有胡牌，更别说自摸了。手牌根本不进张，即便听了牌，两三个或三四个听也干不赢别人一个听。上半场是彻彻底底的逆风局，输得也够可以了。

下半场开局后的第二手牌，打完条子就成了如下摸样：

筒12333345　万12589

根本不敢杠三筒，本来手气就很背，倘若杠了三筒，上下筒子将会重新洗牌，现如今只要进了3万或7万就可以带根听牌。

桌面情况：四家万子，两家筒子，两家条子。

实战图3

看似不错的牌，现实却很残酷。

几圈下来，一个有用张都没有摸上手。随着时间的流逝，四张7万被彻底打断，3万已经打现了三张，剩下那张极大可能在别人手里。很快时间已到尾盘，听不了牌已成事实。

此时，一个大胆的想法出现在头脑中："暗杠3筒，然后送三家胡牌走人。"

之所有这个想法，是基于今天开场前关于杠牌的约定：杠牌者如果有听，则杠牌有效。如果没有听，但其余三家已胡牌，则同样有效。

既然如此，何不把3筒暗杠下来，这就相当于赢了一个自摸，何惧给其他三人点炮？如果其他三人都是对子胡，那就抵消3筒的暗杠。如果其他三人是小胡，这样打还有赚。即便有对子胡带根或"小清"之类的，也有6个的基本分垫底，何足惧哉！

实战过程：

摸6万，暗杠3筒。再摸9筒打掉，之前桌面出现过。

牌型变为：

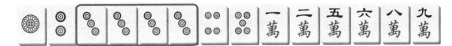

实战图3-1

手上的万子基本上全是生张。

之前打得小心谨慎，唯恐别人碰牌、杠牌或胡牌。现在却异常胆大，就担心放不了炮。如此一来，思想放松了，打法上也放开了，专挑最危险的牌张打。旁边的观战者看得是一脸茫然。

万子出去，马上就有两家碰牌。很快就送走了对家和下家。牌局结束前，上家也自摸胡牌。

最后结算：本人还赚2个基本分。

事后，观战者问我，怎么专挑危险张打。

听了我的解释，他们说："教授太狡猾了。"

此战之后，情况明显有所好转。牌局结束后，比分虽然还是输，但已经输得很少了。朋友们调侃说："好不容易赢了一回教授，今晚的快餐就当是教授请了，虽然只是快餐，心中也很是高兴。"

实战案例4

抓住机会，一盘翻身。

2024年3月初的一个周末，朋友聚会。在随后的打牌娱乐中遭遇逆风局。全场没有一个自摸，三个小时左右的时间里，只有几个小胡。

他们调侃我："终于看到朱教授被我们修理了，真开心。"

重庆人打牌大多数时候喜欢用盘数来约定最后时间，比如最后两盘，最后四盘等；而且最后一把要求两番以上才能胡牌。

在约定的最后四盘里，有人调侃我："朱教授，这最后四盘，看你翻不翻得了身。"

真是天无绝人之路，换牌之后，手中居然有10张万子牌，是当天最好的一手牌。

桌面情况：两家万子，三家条子，三家筒子。

中局阶段，手中牌型如下：

万1123456667789

实战图4

现已听牌：胡1、6万。

当上家打出1万时，毫不犹豫地碰掉，然后放飞7万。

牌型变为：

实战图4-2

重新听牌：胡1、2、4、5、7万。

之后，连续三圈，下家、对家和上家先后都放炮，一概放过。

这么好的牌型，如果为了区区一个"小清"就走掉了，那就太对不起这手牌了，其价值才刚刚体现，此其一。

之前输得够多了，翻身就看这一把牌，此其二。

实战过程：

下一圈，居然清一色带根自摸1万，满牌，关三家。

那一刻，观战者一片哗然。

"不得了，满牌自摸。"

"教授太能贪了，放这么多次炮，居然都不要。"

"教授。你这个架势，要把输的全部拿回去呀！"

我说："这是今天第一次自摸。"

第二盘：

时间来到第二盘，换牌完毕就下听，胡间张2条。我想这是不是上天的旨意。结果第二圈牌桌上就出现了2条。看看手牌没有其他可以挖掘的地方，于是喊了胡牌。

第三盘：

中局阶段完成了小胡自摸。

第四盘：

按习惯约定，这最后一盘最少两番才能胡。

我相信通过前面这三盘的休整，现在已经成功突围了逆风局。

桌面情况：四家都做筒子和万子。

中局后期，本人牌型如下：

筒12223567　万78999

实战图4-4

现已听牌：胡2筒和6、9万。

这手牌的价值最少也应该是个自摸。

所以，当桌面上出现2筒时，立马喊碰，然后退1筒。

牌型变为：

实战图4-5

形成断张听牌：胡1、4筒。

两圈后，摸3筒。

牌型变为：

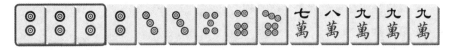

实战图4-6

怎么打？

实战过程：

明杠（偷渡）2筒，摸6万杠上开花。

那一刻房间内又是一片哗然。

"教授，这最后四把全都是你一个人在胡，过分了哈。"

"哪个说的打最后四把，应该他一个去给。"

……

最后结果：整场活动下来，本人还是正分。

打成都麻将不怕输很多，一手牌就可能打回来。因为成都麻将比赛的规则就是这样，输和赢的波动很大。心理素质好的牌手应该不惧前期的大幅波动，只要抓住机会，就有可能一次翻身。

第八章　知识小金库

本章的内容就像一个百宝箱，把多个知识点汇集于此。也像一本字典，把许多知识归类整理放在这里，便于随时翻阅查询。

第一节　价值打法

一、价值打法的基本概念

什么叫价值打法？

价值打法就是如何挖掘一手牌的价值。

从技术上来说，要挖掘一手牌的价值，必须通过吃牌、碰牌、杠牌、放飞等腾挪手段来实现，打出的牌张能够体现它的价值。

一手牌有没有价值，主要通过下面的两点内容判断：

第一，这个牌型能否做成大胡？

第二，这个牌型能否打成自摸牌型？

在此基础上，再来判断客观条件是否具备。如：做牌的时间和空间够不够？几个牌手做这门花色？其他牌手是否有听？等等。

上述两点涉及的内容很多，如这手牌是不是有刻子？是否有杠牌的可能？是不是可以打成有两个听以上的自摸牌型？等等。

二、价值打法的实战运用

由于每副牌的牌型不一样，涉及的内容千差万别，采用的方法必然因牌而异。下面我将用若干案例来介绍价值打法的具体操作。

【教学案例1】

筒66789 万12388999

桌面情况：中局阶段，两家万子，三家筒子和条子。

如果桌面上出现6筒，应该怎么打？

如果桌面上出现8万，应该怎么打？

教学图1

解答：

这手牌的价值主要体现在999万，其次体现在放飞1万上，因为是两家做万子，资源丰富，放出去的鸽子飞回来的可能性很大。

如果出现6筒，碰牌后可视情况放飞8万或1万。

如果出现8万，碰牌后视情况放飞1万或6筒。由于8万被碰，999万的价值就体现出来了，更应该采用放飞战术，等待9万的出现。

【教学案例2】

筒12345699 万11789

桌面情况：中局阶段，两家筒子，三家万子和条子。

如果桌面上出现9筒或1万，应该怎么打？

教学图2

解答：

这手牌的价值主要体现在筒123456这根长棍上。

如果出现9筒或1万，碰牌后可放飞1筒，重新听牌，胡1、4、7筒。把它打成有三个听的自摸牌型，这根长棍的价值就发挥出来了。不仅胡牌面宽，且资源丰富，自摸的可能性很大。

【教学案例3】

筒12223456　万12399

桌面情况：中局阶段，两家条子，三家筒子和万子。

如果桌面上出现2筒或9万，应该怎么打？

教学图3

解答：

这手牌的价值体现在左边的筒子牌型上。

（1）出现2筒，有两种选择。

第一种，牌风稳健者，可以胡牌，毕竟是带根胡牌，同时也避免了两家做条子，很可能出现清一色的风险。

第二种，牌风激进者，可以碰牌后放飞1筒。因为现在是中局阶段，条子清一色的风险目前不是很大；放飞1筒后，不仅听牌面宽，3个听，而且是断张听牌，胡牌基本不用担心，自摸的可能性也很大。

（2）出现9万，原则上只有一个选择。

这个选择就是碰9万，放飞1筒。把左边的筒子打成火箭筒，胡1、3、4、6、7筒，自摸的可能性非常大。因为碰9万，放飞1筒，这手牌的价值才能体现出来，如果就此胡牌，那就太没有追求了。

【教学案例4】

筒12223789　万11123

桌面情况：中局阶段，四家都做筒子和万子。

如果桌面上出现2筒或1万，应该怎么打？

教学图4

解答：

这手牌的价值体现在筒12223和万11123这两个牌型上。

出现2筒，应该碰牌后，视情况放飞1筒或3万。放飞1筒形成断张听牌，放飞3万有投石问路的作用。

出现1万，更应该碰牌后放飞1筒；重新听牌，胡1、3、4筒，带根自摸的可能性很大，让这手牌的价值充分体现出来。

【教学案例5】

筒57888999　万22234

桌面情况：中局阶段，两家筒子，三家万子和条子。

如果桌面上出现6筒，应该怎么打？

教学图5

解答：

这手牌的价值体现在筒888999和万22234这两个牌型上。

如果出现6筒，就此胡牌，说明你对麻将的认知还停留在初级阶段。这手牌的价值最少也应该有个杠牌。无论是筒子牌型还是万子牌型，结构都很好，腾挪的空间很大，为技术派提供了很好的机会。

如果出现2万，碰牌后，退5筒，听6、7、8、9筒，4个听，自摸的可能性很大，胡在8、9筒上还是带根胡牌。

如果摸进3、4、5筒，可退7筒，有投石问路的作用。

如果摸进2、5万，可退5筒，听6、7、8、9筒，4个听，自摸的可能性很大，胡在8、9筒上还是带根胡牌。

如果出现8筒，稳健者可碰牌后，退5筒，听6、9筒和2、5万，自摸的可能性很大。激进者可直接杠牌。

如果出现9筒，可直接杠牌得分。

【教学案例6】

筒22233888　万56788

桌面情况：中局阶段，四家都做筒子和万子。

如果桌面上出现3筒或8万，应该怎么打？

教学图6

解答：

这手牌的价值体主要现在22233筒上，888筒有潜在杠牌的价值。

如果出现3筒，应该碰牌后放飞5万或8万。3筒被碰，2筒的价值就开始显现出来了；可以缓一下胡牌，等待2筒的出现。

如果出现8万，应该碰牌后放飞3筒，重新听牌，胡1、3、4筒，自摸的可能性很大。且放飞3筒有投石问路的作用。

【教学案例7】

筒222345567999　万2

桌面情况：你是庄家，一家独大做筒子，桌面上的2筒和9筒还未出现，现在是中局阶段，已听牌，单吊2万。

假如现在你2万自摸，还是不胡？

教学图7

解答：

这手牌的价值体主要现在筒子清一色上，特别是2、9筒的杠牌上。

由于是一家独大，2筒和9筒理论上讲是肯定可以杠牌的。如果退2万，继续朝清一色发展，这手牌应该很有希望，摸进任何一张筒子，都可以下听，而且听牌面很好，自摸的可能性很大。

只要2筒或9筒出现，杠牌以后，打成满牌是大有希望的。

建议：

牌风稳健者自摸2万可以胡牌。

牌风激进者或技术派选手可以放弃胡牌，继续追求利益最大化，继续朝清一色自摸，或清一色满牌去发展。

【教学案例8】

筒2223599　万111222

桌面情况：四家都做筒子和万子。

中局阶段，已听牌，胡4筒。

如果桌面上出现4筒，胡还是不胡？

教学图8

解答：

这手牌的价值体主要现在筒2223和万111222这两个牌型上。

如果现在胡了4筒，那说明你对麻将的认知还停留在初级阶段。这手牌的结构非常好，222筒和111222万大有杠牌的潜在可能，这手牌的9筒是边张对，活跃度很高，碰牌是很容易的。一旦碰下9筒，退5筒，这手牌的活力一下就迸发出来了，牌型马上就成为了自摸牌型，听1、3、4筒，自摸的可能性很大，摸3筒还是对子胡。

在9筒未碰之前，这手牌的活力也很强，进张也比较宽，进1235679筒都可以重新听牌。

如果出现2筒，既可以碰牌也可以杠牌。碰牌的好处在于退5筒，可以重新形成断张听牌，胡1、4筒，带根胡牌的可能性非常大。杠牌的好处在于可以先赢得奖励分，而且依然有听。

加上现在是中局阶段，做牌的时间和空间都比较充裕，运作的空间还很大，在没有自摸前，或1、2万没有杠牌前应该缓一缓再胡牌。

结论：现在胡4筒太亏，这手牌的价值完全没体现出来。

实战案例1

2022年2月，虽然依旧寒气侵人，但嫩绿的树叶已经立在了枝头，和朋友相约外出踏青。上午游玩，下午打牌。下面这手牌看似平常，结局却出人意料。

桌面情况：两家筒子，三家万子和条子。

刚进中局，本人就已听牌了。

筒12356799　万23466

实战图1

现已听牌：胡9筒、6万。

分析如下：

这手牌的价值就休现在时间还早，且两家做筒子上。

实战过程：

当桌面上出现9筒时，碰牌之后放飞1筒。

牌型变为：

实战图1-1

重新听牌：胡1、4筒。

之前桌面上出现过1筒，而且还是也做筒子的对家打的，所以我对放飞1筒充满信心。

之后的几圈行牌中，有两次分别出现过1、4筒，全都放过。

最后结果：

尾盘时，摸9筒明杠，再摸4筒，杠上开花。

观战的朋友说："教授这把牌贪得太好了。"

我说："只有这样，才能把这手牌的价值发挥出来。"

盘后点评：

当条件满足时，就应该贪，必须贪。

实战案例2

2020年12月，一行人自驾到四川米易旅游避寒，感觉真好，休闲时就在宾馆打牌娱乐。下面这手牌是刚刚进入尾盘阶段形成的。

桌面情况：四家都做筒子和万子。

本人牌型如下：

筒44455577　万57999

桌面上出现6万，应该怎么打？

实战图2

这手牌的价值最少也应该有个杠牌。

除了有对子胡的结构之外，三个刻子都有杠牌的潜力，而且444555筒占据了很好的资源，其他三家要想在筒子上全部成副是很困难的，估计最后查叫时，有一两家听不了牌。既然如此，胡牌可以缓一缓。

实战过程:

放弃胡牌!

之后,摸7万,退5万。

下家紧跟着打出8万,上家立即喊杠牌,摸牌之后考虑片刻打了一个熟张。结束时候得知,上家杠起来的是9万,害怕放炮,就留在了手上。谁知这一留就惹了大祸。

接下来,摸6筒,退7筒。

牌型变为:

实战图2-1

重新听牌:胡5、8筒和7万。

之后8筒放炮,放过。

两圈以后,居然摸4筒暗杠,再摸条子打掉。

牌型变为:

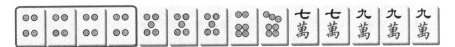

实战图2-2

依然听牌5、8筒和7万。

此时还有最后一圈就结束,我坚信,手上拿9万的人下不了听。

事实证明,这个分析是对的。

事后验牌:

有两家无听,其中就有拿9万的上家,赔我双根。

我说上家:"你早点打出来,损失小得多。"

上家说:"从我杠起来9万那时起,我就一直担心9万出不去。没想到,最后损失这么大。"

盘后点评：

只要分析正确，就坚定不移地去执行；至于最后那张牌何时出现，让上天去决定。

实战案例3

2024年3月的一个周末，朋友相聚，聊天喝茶，相谈甚欢。饭后，打牌娱乐，交流牌技。下面这手牌打得颇有气势。

桌面情况：两家筒子，三家万子，三家条子。

对家开牌就暗杠8筒，之后碰1条。做牌方向显然不是清一色。

中局阶段，本人牌型如下：

筒1123667999　万345

实战图3

这手牌的价值主要体现在3个9筒上面。8筒已杠，9筒出来是必然的。而且是两家做筒子，资源丰富，根本不用着急去胡牌。

实战过程：

摸4筒，退7筒。

牌型变为：

实战图3-2

现已听牌：胡1、6筒。

当桌面出现1筒时，立马喊碰。

碰牌后，放飞4筒。

牌型变为：

实战图3-3

重新听牌：胡1、4筒。

此时桌面上已经打现2张2筒，1筒出现是有希望的。

之后桌面上出现4筒，依旧不动声色，除了等待9筒的出现之外，当然是希望自摸，最好摸1筒。

尾盘阶段，自己把9筒摸上手，暗杠之后，杠起来的竟然是1筒，杠上开花，满牌，关三家。

那一刻，观战者一片哗然。

盘后点评：

此战大获全胜，完全是价值打法理念的引导。当客观条件具备的时候，就应该使这手牌的价值得到充分的体现，这种理念与贪是完全不同的。

实战案例4

2023年4月的一个周末，受邀参加一个生日宴会。饭后的一手牌打得很有气势，观战者较多，至今讲述这手牌，依旧是满满的自豪感。

桌面情况：两家万子，三家筒子和条子。

中局阶段，本人的清一色就听牌了，牌型如下：

万1112234567889

胡7万。

当桌面上出现7万时，应该怎么打？

实战图4

分析如下：

这手牌进任何一张万子都可以重新下听，而且听牌质量都不会差；且现在是中局阶段，有做牌的时间和空间；此外，万子虽然是两家做，但对家已碰了1筒，不再具有清一色的威胁。

这么多的有利条件，最起码也要打个自摸。

实战过程：

放过7万！

有观战者悄声说："7万不胡呀？"

接下来，摸8万，退9万。

牌型变为：

实战图4-1

重新听牌：胡2、3、5、8万。

之后，桌面上连续3轮分别出现2、3、5万，通通放过。

最后结果：

居然自摸8万，满牌，关三家。

那一刻，观战者一片哗然："不得了，满牌自摸。"

"朱教授太有气质了，家家放炮都不要。"

……

事后，有观战者说，"教授太稳得起了，清一色放炮这么多次，都不胡，恐怕只有朱教授敢这么打。"

我说："如果胡牌过早，这手牌的价值就没有体现出来。"

主人说："听懂没有？打牌要把牌的价值体现出来！"

盘后点评：

这手牌收获这么大，主要是以价值打法为指导思想。如果一开始，就胡了边张7万，无非就是赢了一个清一色的炮胡，基本分的4倍；现如今是基本分的27倍，差距实在太大了。

第二节　剥皮打法

如果我先打出一张1万，然后打出一张3万，你会是什么感觉？你多半会认为由于我手中缺2万，所以才这么打。如果你这么想，那就你大错特错了。其实我手中有三个2万，牌型：

万12223778　筒125588

这是10张无听牌型的牌型，之所以这么打，是出于以下目的：

第一，万子12223可分解为：

万13 222，　123 22

由两个分解式可以看出，要想再做一副成牌出来是很困难的，因为关键张2万已经出现了三张，无论是13万，还是22万，再进2万是小概率事件。肯定不及筒子的进张好。

第二，刻子222被1万和3万包围，其威力发挥不出来，如果桌面上出现了2万，也只能碰，不能杠；如果杠牌，1万和3万就基本上成了废牌，这种打法得不偿失。既然这样，不如一开始就打掉1万和3万。

剥皮打法的定义：是指把包围某一个刻子的左右两张牌打掉的打法。

这个过程像剥香蕉一样，把中间的果肉——刻子彻底裸露出来。

这种打法有两个作用：

一个是诱骗作用，巧妙设置陷阱，用连续打出13万来误导其他牌手，以为玩家手上缺2万。

另一个作用是将刻子2万彻底独立出来，等待时机，一旦机会来临，其威力就能够完全地释放出来。

这种打法的前提条件是手上不缺对子。

【教学案例1】

筒224479　万23367778

这手牌应该怎么打？

教学图1

解答：

万子67778，看似很好，其实不然，这是习惯思维的误区。这种结构要再做一副牌出来难度很大，而且68万把777万包裹在中间，大大地减小了777万的威力，所以正确的打法是打掉6万和8万。

【教学案例2】

筒1135789　万1156667

这手牌应该怎么打？

教学图2

解答：

这是狭义7张无听牌型。

牌型可分解为：

筒1135　789　万1157　666

显然打掉5万和7万不仅机会数最大，同时把刻子666万彻底解放了出来，一旦机会来临，其威力就可以完全释放出来；而且连续打出57万，本身就就有诱出6万的作用。

所以，最佳打法是打掉5万和7万。

【教学案例3】

筒1222366　万2345688

这手牌应该怎么打?

教学图3

牌型可分解为:

筒222　1366　万2345688

这是复合型7张无听牌型,222筒被13筒所包围,能量释放不出来。万子2345688结构很好,不可能拆,最佳打法就是打1筒和3筒。

验证如下:

J(1筒)=J(6筒、1478万)=5×4−5=15

J(3筒)=J(6筒、1478万)=5×4−5=15

J(2万)=J(26筒、78万)=4×4−7=9

J(8万)=J(26筒、147万)=5×4−6=14

结论:打1筒或3筒机会数最大,且打1、3筒有明显的诱出作用。

【教学案例4】

筒5678889　万1233468

这手牌应该怎么打?

教学图4

解答:

这是复合型四人抬轿的牌型,888筒被567筒和9筒包围在中间,主要受9筒的压制和包围,能量释放不出来,可以选择的牌张有9筒和3万。

验证如下：

J（9筒）＝J（12345678万）＝8×4-7=25

J（3万）＝J（479筒、14578万）＝8×4-5=27

结论：打3万比打9筒机会数大2。

打9筒的好处在于，把888筒完全暴露出来，杠牌不受影响。从这一点看，打9筒的价值更大。

实战案例1

2023年4月的一个周末，和朋友相约郊外游玩。数公里的步行之后大家都有了一点饥饿感，于是在一个农家院吃饭休息。之后，小玩了几圈麻将。下面这手牌是刚刚打完筒子后形成的。

万1144789　条1222368

桌面情况：两家做条子，三家做万子和筒子。

应该怎么打？

实战图1

牌型可分解为：

万1144 789　条222 1368

这是狭义7张无听牌型，为了尽快听牌，同时将222条解放出来，以便等待机会发挥其威力，故首选打掉1条。

实战过程：

打掉1条。

之后碰1万，退3条。

牌型变为：

实战图1-2

现已听牌：胡7条。

连续打出13条，不仅把2条彻底地解放出来，而且还有很强烈的诱出2条的作用。

实战过程：

下一圈，与我同做条子的对家打出了2条，成全了我的直接杠牌。杠起来的是5条，于是退掉8条。

杠牌时，对家连说两遍："上当了，上当了！"

牌型变为：

实战图1-3

重新听牌：胡4、7条。

打出13条不仅收获了一副杠牌，还优化了听牌结构。

实战结果：

4条自摸，关住三家。

盘后点评：

此战收获颇丰主要是一开始拆打1条和3条，不仅诱出了2条，赢得了一个直杠的奖励分，还为之后的自摸创造了良好的条件。

实战案例2

2023年11月的一个周末，应邀参加老朋友的生日宴会。饭后，在主人热心的安排下，在酒店的棋牌室打牌。

下面这手牌是开局阶段形成的，外面三家都有杠牌，形势非常严峻，必须尽快胡牌。那天打牌大胡很多。

筒1145556　万1255799

桌面情况：两家做条子，三家做万子和筒子。

应该怎么打？

实战图2

这是10张无听牌型，可选牌张有4、6筒和5万。

验证如下：

J（4筒）＝J（1筒、35689万）＝6×4−6＝18

J（6筒）＝J（1筒、35689万）＝6×4−6＝18

J（5万）＝J（15筒、3689万）＝6×4−7＝17

结论：打4筒，同时还有诱出1筒的作用。

实战过程：

打4筒。

之后，摸7筒，退5万。

牌型变为：

实战图2-1

现在的5筒处于半独立状态。

实战过程：

碰1筒，退5万。

牌型变为：

实战图2-2

接下来的发展有点出乎意料。

实战过程：

摸5筒，退7万。

牌型变化为：

实战图2-3

现已带根听牌：胡3万。

尾盘阶段时，居然摸进8筒。

暗杠5筒，摸条子打掉。

牌型变为：

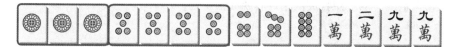

实战图2-4

依旧听牌3万。

最后结果：

赢了对家的炮胡3万，整体收获也不小。

事后验牌，下家起手就有111万。若当初退1万，出去就点杠。

盘后点评：

此牌最后能够暗杠下来，完全得益于当初退4筒的"剥皮打法"。

实战案例3

2024年3月的一个周末，和朋友郊外踏青。上午郊游下午打牌，天气好，心情好，牌也来得好，请看下面这手牌。

桌面情况：三家做筒子和万子，两家做条子；外面条子有两个暗杠。

残局阶段，刚摸进4万，必须尽快胡牌。

本人牌型如下：

筒113478889　万22234

应该怎么打？

实战图3

牌型可分解为：

筒1134　79　888　万222　34

筒1134　88　789　万222　34

筒子78889要想打成两副成牌明显很困难。

实战过程：

打9筒。

牌型变为：

实战图3-1

实战过程：

接下来，摸2筒，退7筒。

没想到，7筒出去就被碰。

牌型变为：

实战图3-2

现已听牌：胡1筒和2、5万。

7筒已碰，8筒大概率会出来，这手牌的价值开始显现。

之后，1筒现身，碰牌后放飞4万。

牌型变为：

实战图3-3

重新听牌：胡1、3、4万。

下一圈，居然摸8筒暗杠，再摸3万，杠上开花。

那一刻，观战者一片哗然。

盘后点评：

此战完胜，得益于一开始连续打9筒和7筒。如果不采用"剥皮打法"，即便8筒摸上了手，也未必敢杠。

第三节 挨张理论

"在很多情况下，打掉对子的挨张是不错的选择。"姑且把这个说法叫做挨张理论吧，它是机会数理论在研究牌型时得到的一个附加成果。

从10张无听牌型到7张无听牌型，再到四人抬轿的大多数模型里（除了10张无听牌型有两个对子的模型之外），有一个很有共性的特点：那就是其中有一个对子是孤对。为什么会有种现象？

这种现象的出现，除了数学推演的必然结果之外，还有一个很重要的原因，那就是对子本身的属性。

对子主外，擅长进攻。好比男人志在沙场，常常要冲锋陷阵，建功立业。对子一定要敢于亮剑，带头冲锋陷阵。所以对子要独立出来，随时做好战斗准备。

怎么独立？很简单，那就是打掉对子的挨张或靠张！

在10张无听牌型的数学模型没有建立起来之前，我常说：

在很多情况下，打掉对子的挨张是个不错的选择。因为它可以保证所有的进张都能把牌型打成狭义7张无听牌型。其次，这种打法的机会数不是第一就是第二，即便是第三也不会差到哪里去，这种打法不会犯原则性错误。

这一段话就叫"挨张理论"吧。

现在，10张无听牌型的数学模型已经研究成功。回头再来看"挨张理论"这一段话依然有强大的生命力。"在很多情况下，打掉对子的挨张是个不错的选择。"这一命题依然在很多情况下是正确的。

在10张无听牌型、7张无听牌型和四人抬轿的9大模型中，除了有两个对子的10张无听牌型外，其他的模型中都有一个是孤对。但请注意，即便在看似没有孤对的两个对子的模型中，一旦其中一个对子没有完全孤立时，那么在选择上就应该打掉另一个对子的挨张。比如：

万2467889　条1335899

牌型可分解为：

万2468 789　条1335 899

牌型1335条中的33条，左右两边被1和5条所包围，在这种情况下怎么办？最好的办法就是打掉另一个对子的挨张8条。

如果用模型来套打，因为1335条不能简单地分解成133或335，无论怎么分解，打掉1或5都会丢失机会数；所以只能把1335分解成13、35两个顺子。那么这个牌型就成为只有一个对子的10张无听牌型，那就套用一个对子的模型来打，只能打掉条899的挨张8条。

【教学案例1】

筒23355589　万125689

应该怎么打？

教学图1：10张无听牌型1个对子

这是只有1个对子的10张无听牌型，只有打掉对子的挨张2筒，才能保证进张一次打成狭义7张无听牌型，并且有最大机会数。

【教学案例2】

筒2245667　万1225689

应该怎么打？

教学图2：10张无听牌型2个对子

观察可知：

表面上看9万是个多张，应该首选打掉，其实不然，打掉9万进3筒，牌型不能成为狭义7张无听牌型。原因在于：这牌看似有两个对子，但2筒并未真正独立，因为进3筒可以构成两副成牌，2筒只能算半独立。所以，9万该不该打，最好通过计算来确认。

用挨张理论可以马上锁定打1万。

验证如下：

J（1万）＝J（2358筒、247万）＝7×4－5＝23

J（9万）＝J（258筒、2347万）＝7×4－5＝23

结论：打9万和打1万等价。

实战中，没有充足的时间让你去计算，去验证。怎么办？

如果根据挨张理论的观点：打挨张可以保证所有的进张都有效。岂不是可以省去大量的计算时间。既然如此，在选择用计算法，还是用挨张理论来判断牌张去留这件事情上，孰优孰劣，岂不是一目了然。

【教学案例3】

筒1355899　万2466788

应该怎么打？

教学图3：10张无听牌型2个对子

牌型可分解为：

筒1355　899　万2468　678

1355筒是相互有联系的，算是一个整体，5筒并未真正独立。如果不加分析地套用模型，以为355筒、899筒可以看成是两个靠张对，选择打1筒，那就打错了（此时进5万成不了狭义7张无听牌型）。

此时，正确的打法就是打掉挨张8筒，把9筒独立出来。

验证如下：

J（8筒）＝J（2459筒、357万）＝7×4−5＝23

J（8万）＝J（2579筒、35万）＝6×4−5＝20

打8万进4筒不能成为狭义7张无听牌型。

结论：打8筒。

【教学案例4】

筒12356689　万233579

应该怎么打？

教学图4：10张无听牌型2个对子

观察可知：

9筒好像是个多张，其实不然，打9筒进6筒，进3万都不能成为狭义7张无听牌型。因为打9筒的结果：6筒被左右两边所包围，并且3万也没有独立出来。因此，为了解脱这个困局，最好的办法就是打掉对子的挨张。在此例中，打5筒和打2万都是等价的。

牌型可分解为：

筒123　566　89　万233　579

用模型套打，一看便知打9万是最佳选择。

验证如下：

J（5筒）＝J（67筒、13468万）＝7×4－4＝24

J（2万）＝J（467筒、3468万）＝7×4－4＝24

J（9万）＝J（467筒、1346万）＝7×4－4＝24

结论：打5筒与打2、9万是等价的。

由此可见，打挨张的这个观点依然有强大的生命力。

打对子的挨张在某些情况下比打多张还重要。

比如，在二阶7张无听牌型的某些情况下，就应该先打挨张，牌型才有最大机会数，如果先打多张，那就可能差得很多。

之所以会出现这种情况，主要的原因是二阶听牌的第一操作目标是要把牌型打成有听牌型，所以要保留多张。

【教学案例5】

筒122689　万11147889

要打成一阶听牌，应该怎么打？

教学图5：二阶7张无听牌型1个对子

牌型可分解为：

筒122 689　万111 48 789

图中的6筒或9筒是明显的多张。

验证如下：

J（1筒）＝J（2456789筒、2～9万）＝15×4−10=50

J（6筒）＝J（1237筒、2～9万）＝12×4−8=40

J（9筒）＝J（1237筒、2～9万）＝12×4−8=40

J（4万）＝J（1～9筒、6789万）＝13×4−10=42

J（8万）＝J（1～9筒、23456万）＝14×4−7=49

结论：应该打1筒。

从这个案例可以看出，在有一个对子的情况下，无论是有听牌型，还是无听牌型，打对子的挨张在多数情况下是首选。

【教学案例6】

筒1337889　万1347778

要打成一阶听牌，应该怎么打？

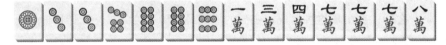

教学图6：二阶7无听1个对子

牌型可分解为：

筒1338 789　万1348 777

图中的1万是明显的多张。

验证如下：

J（1筒）＝J（36789筒、1～9万）＝14×4－13＝43

J（8筒）＝J（123筒、1～9万）＝12×4－10＝38

J（1万）＝J（1236789筒、256789万）＝13×4－11＝41

J（8万）＝J（1236789筒、123456万）＝13×4－10＝42

结论：虽然1万是多张，8筒、8万是孤张，但依然应该打1筒，因为这是二阶听牌的牌型。

实战案例1

2022年8月，在仙女山避暑期间偶尔和朋友打牌娱乐。下面这手牌是在中局阶段形成的，外面有两副暗杠的条子，必须尽快胡牌。

桌面情况：　两家做条子，三家做万子和筒子。

本人牌型如下：

筒23355579　万135888

实战图1

牌型可分解为：

筒233 555 79　万135 888

这是7张无听牌型一个对子的标准模型，只有打掉对子的挨张2筒，才能让这手牌以最快的速度和最大机会数下听。

J（2筒）＝J（8筒、24万）＝3×4＝12

J（1万）＝J（8筒、4万）＝2×4＝8

实战过程：

打2筒！

牌型变为：

实战图1-1

"打2筒呀？"

那一刻，有观战者很不理解。

两圈之后，摸2万，退5万。

牌型变为：

实战图1-2

现已听啤：胡8筒。

手牌有听，心中不慌。

之后，摸6筒，退9筒。

牌型变为：

实战图1-3

重新听牌：胡3、5、8筒。

牌局打到这个摸样，已是信心满满。

之后，3筒现身，碰牌后放飞7筒。

牌型变为：

实战图1-4

再次重新听牌：胡4、6、7筒。

之所以还敢放飞，是现场观察发现：筒子几乎都已打现，且没有碰牌，此其一。做条子的两家还没有听牌，危险不大，此其二。之前外面有两副杠牌，想通过自摸赢回比分，此其三。

最后结果：

接下来，上家打4筒，放过，伸手就摸6筒，关住三家。

事后，有观战者问我："若是下家或对家打4筒，胡不胡？"

我说："肯定不会胡，不然放飞鸽还有什么意义？"

盘后点评：

此战完胜，应归功于模型打法，即打掉对子的挨张2筒。

实战案例2

2023年6月的一个周末，朋友聚会。饭后打牌娱乐，其中一手牌，凭借扎实的理论功底，打得干净利落，赢得满堂喝彩。

桌面情况：四家都做筒子和条子。

中局后期，牌型如下：

筒2224556　万2335667

实战图2

牌型可分解为：

筒222　456　5　万233　6　567

这是四人抬轿，用有对子模型套打，可以马上锁定打2万。

验证如下：

J（5筒）＝J（12345678万）＝8×4－7=25

J（2万）＝J（34567筒、345678万）＝11×4－10=34

J（6万）＝J（34567筒、1234万）＝9×4－7＝29

实战过程：

打2万！

牌型变为：

实战图2-1

实战过程：

之后，摸8万，退5筒。

牌型变为：

实战图2-2

现已听牌：胡4、7万。

接下来，摸3万，退6万。

牌型变为：

实战图2-3

重新听牌：胡4、5、8万。

上述过程，一气呵成，干净利落。

最后结果：

暗杠3万，再摸8万，杠上开花！那一刻，观战者一片哗然。

盘后点评：

一开始打掉对子的挨张2万是本局取胜的关键。

实战案例3

2024年5月的一个周末，参加朋友的饭局。之后在牌技切磋中，有一副牌打得颇为自豪，是模型打法和挨张理论灵活运用的典范。

桌面情况：两家做条子，三家做万子和筒子。

中局阶段，本人牌型如下：

筒23355589　万122579

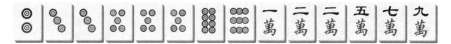

实战图3

牌型可分解为：

筒233 555 89　万122 579

这是10张无听牌型，用模型套打，可以马上锁定打5万或9万。但是9万未曾出现过，而1万出现过，打1万更安全。

其实，在这个牌型中，打1万和打5、9万是等价的。

验证如下：

J（1万）=J（1347筒、268万）=7×4−4=24

J（5万）=J（1347筒、238万）=7×4−4=24

J（9万）=J（1347筒、236万）=7×4−4=24

实战过程：

打1万！

牌型变为：

实战图3-1

实战过程：

摸8万，退5万。

事后得知，若打9万会点对家999万的杠牌。

牌型变为：

实战图3-2

实战过程：

或许5万起到了诱出作用。

碰2万，退2筒。

牌型变为：

实战图3-3

现已听牌：胡7筒。

之后，碰3筒，退8筒。

8、9筒在之前都出现过。

牌型变为：

实战图3-4

重新听牌：单吊9筒。

下一圈，摸4筒，退9筒。

牌型变为：

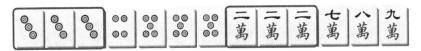

实战图3-5

最后结果：

居然3筒带根自摸，赢三家。

盘后点评：

此战全胜，是对模型打法和挨张理论的熟练运用。当初如果死套模型，打9万，那结果与现在可能有天壤之别。

第四节　牌型叠加法

通常情况下，对于比较简单的牌型，可以直接用机会数进行计算。对于比较复杂的牌型，直接计算就可能漏看。比较好的方法是将牌型分解，分别计算出各个分解图的机会数，最后进行叠加。

牌型叠加法就是将各个分解图的机会数全部相加。

注意：叠加时，重复数只计算一次。

牌型叠加法对于复杂牌型的求解很有优势。下面用教学案例给大家介绍这个方法的具体应用。

【教学案例1】

筒34556778　万34556

这手牌的机会数是多少？

教学图1

牌型可分解为：

1. 筒345 56778　万34556

进489筒、234567万，均可听牌。

2. 筒34557 678　万34556

进2567筒、234567万，均可听牌。

叠加上面机会数，重复数只计算一次，于是：

教学图1的牌型进2456789筒、234567万，均可下听。

J（教学图1）＝J（2456789筒、234567万）＝13×4−12=40

【教学案例2】

筒5678889　万223456

这手牌的机会数是多少？

教学图2

牌型可分解为：

1. 筒567 8889　万223456

进79筒、12345678万，均可听牌。

2. 筒56789 88　万2234567

进478筒、12345678万，均可听牌

叠加上面两个分解图的机会数，可得：

J（教学图2）＝J（4789筒、12345678万）＝12×4−11=37

【教学案例3】

筒23334556　万456679

怎么打？机会数最大？

教学图3

可选牌张有2、5筒和9万。

如果打2筒，则有分解图：

1．筒33 34556　万456679

进47筒、58万，均可听牌。

2．筒3335 456　万456679

进45筒、369万，均可听牌。

将上面两图在机会数叠加，可得：

J（2筒）＝J（457筒、35689万）＝8×4−7＝25。

如果打5筒，则有分解图：

1．筒33 23456　万456679

进147筒、58万，均可听牌。

2．筒2333 456　万456679

进2筒、3689万，均可听牌。

将上面两图的机会数叠加，可得：

J（5筒）＝J（1247筒、35689万）＝9×4−6＝30

如果打9万，则有分解图：

1．筒33 234556　万45667

进13457筒、58万，均可听牌。

2．筒23335 456　万45667

进1245筒、58万，均可听牌。

将上面两图的机会数叠加，可得：

J（9万）＝J（123457筒、58万）＝8×4−8＝24

结论：打5筒。

如果牌型是清一色听牌，通常情况下，有刻子、有杠牌的地方就是分解图的节点：可以将刻子作为一个整体单元进行分解，也可以将刻子抽两张作为对子进行分解；然后将这两种情况进行叠加。如果没有刻子，那么有对子的地方通常情况下就是分解图的节点。

【教学案例4】

筒4455667778889

这手牌有几个听？

教学图4

牌型可分解为：

1. 筒445566777 8889

胡7、9筒。

2. 筒4455667788 789

胡4、5、7、8筒

叠加结果：

此牌下听：4、5、7、8、9筒。

J（教学图4）＝5×4−11＝9

【教学案例5】

筒1234445678999

这手牌有几个听？

教学图5

牌型可分解为：

1．筒44 123 45678 999

听牌：3、6、9筒。

2．筒123 444 56789 99

听牌：4、7筒。

3．筒123 444 5678 999

听牌：5、8筒。

将上面三个牌型叠加，则听牌：3456789筒。

J（教学图5）＝7×4－11＝19

【教学案例6】

筒1112345678999

这手牌有几个听？

教学图6

这个牌型是著名的"九莲宝灯"。

牌型可分解为：

1．11 123 45678 999

听牌：369筒。

2．111 23456 789 99

听牌：147筒。

3．111 2345678 999

听牌：258筒。

J（教学图6）＝9×4－13＝23

将上述分解图叠加，则九莲宝灯牌型的听牌为：123456789筒；所谓见张胡张。

实战案例1

2019年5月，参加朋友夫人的生日宴会。宴会之后，朋友很热情地邀请大家去棋牌室娱乐打牌。由于人多，打接下。下面这手牌，我轮空，观看一个叫三姐的牌手打牌。三姐打牌很自信，每次听牌后就将牌扣在桌面上，一副志在必得的表情。

桌面情况：两家万子，三家筒子，三家条子。

三姐的对家做万子和筒子，开牌就暗杠9万。

尾盘阶段，三姐摸进2万形成下面的牌型。

万1222233344568　条2

实战图1

三姐打出2条，反复摆放一阵之后。将手牌整理为：

万123　222　3344568

两圈之后，摸7万，退4万。

牌型变为：

实战图1-1

现已听牌：三姐认为只能胡3、6、9万。

此时，三姐很自信地把牌扣在桌面上。

殊不知4万出去就点了对家的炮。之后，下家自摸离开牌桌。

最后结果：

三姐胡了上家的6万。

验牌得知，对家是对子胡带根。

最终这手牌，三姐并没有赢分。

牌局结束，我告诉三姐，当初她摸7万应该是自摸。

三姐根本不相信，众人听说后，赶紧将三姐的牌重新摆出来，经过大家一番讨论，此牌还有下面这种分解方式：

万123 234 345 22 68

正好胡7万。

这手牌，三姐亏惨了。

如果三姐能够在节点2万这个地方多看看，用牌型叠加法来判断这个牌型，或许她就不会犯这样严重的错误了。

实战案例2

数年前，某单位举办成都麻将比赛，请我去当裁判长。比赛期间，一位女选手在第一轮比赛的最后一盘，拿了一手好牌，见下图。

桌面情况：两家筒子，三家万子，三家条子。

尾盘阶段，这位女牌手的牌型如下：

筒1233334556789

这手牌胡什么？

实战图2

女牌手把手牌反复地调整了很多遍，最后把牌型调整为：

筒123 345 33 56789

听牌4、7筒。

两圈后，摸5筒，考虑片刻后，打掉5筒。

最后结果：

女牌手并未胡牌，不仅没有胡牌，还点了下家一个小炮，输了对家一个小胡自摸。

最终结算：输了三个基本分。

牌局结束后，我对她说："你之前的5筒是自摸哟。"

她说："不可能哟？"

其他牌手听罢，连忙将牌还原。发现这手牌还可以作如下分解：

筒123 333 4556 789

5筒明显是自摸。

得知这一情况后，女牌手是追悔莫及，这手牌亏得实在太多，情绪很低落。就这样，在第一轮比赛结束就被淘汰出局了。

如果这位女牌手在4个3筒这个节点处能够用牌型叠加法来分析这手牌，或许她就不会犯这么严重的错误。

实战案例3

2023年10月的一个周末，几个老友聚会，饭局后打牌娱乐，我和老黄做搭档。下面这手牌很有学习价值。

桌面情况：两家做筒子，三家万子，三家条子。

尾盘阶段，黄老师手牌为：

筒11133445678999

刚刚摸进9筒，该怎么打？

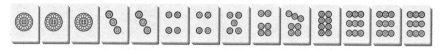

实战图3

黄老师理了一下牌，准备打3筒，听牌2、4、5筒。

我说，打4筒应该更好。

因为打4筒，牌型可以分解为：

筒111 33 45678 999

筒11　13　345678　999

叠加可知：

听牌：2、3、6、9筒。

实战过程：打4筒。

牌型变为：

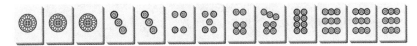

实战图3-1

现已听牌：胡2、3、6、9筒。

最后结果：

老黄3筒自摸，关三家。

事后，老黄说："清一色复杂一点的牌，真是容易看漏。"

我说："用牌型叠加法可以较好地解决这个问题。"

第五节　多张问题

多张的定义：多张就是多余的牌张。

多张既然是多余的牌张，那就应该首先打掉。多张不同于孤张，孤张是孤立的牌张，但不一定是多余的。在无听牌型中，27、37、38，这些看是孤立的牌张，却暗藏着巨大的组合能力。在四人抬轿的牌型中，看似孤立的个体，一旦在对子的带领下，就会爆发出强大的威力。

多张经常出现在各类牌型中，是非常讨厌且十分狡猾的东西，它的隐蔽性有时候很强，不容易找到它，让你产生误判，走冤枉路。

在10张无听牌型这个阶段，一手牌里有时候还会出现多个多张。有时候多张暴露在明面上，这种情况很好处理。但很多时候，多张隐藏在牌型中，若不仔细查看，认真辨别，很容易搅乱你的思维，让你出现误判。

请看如下牌例：

筒122346889　万24478

筒12234688　万356689

筒12556899　万122346

筒124456779　万35579

……

上述牌型的多张依次为：9筒，3、9万，8筒，1筒。

一、多张的判别标准：

第一，打掉多张不影响左邻右舍和其他进张的成副。

第二，打掉多张后任何进张都可以成为狭义7张无听牌型。

第三，打掉多张的机会数最大。

注意：

（1）判断多张一定要结合原图来看，不能用分解图来看。

（2）多张的判别标准不适合二阶的7张无听牌型。也就是说，在二阶7无听牌型的操作中，打多张并不是首选。

（3）当你感到所有的方法都无能为力的时候，机会数的计算就是终极武器，是最后的评判标准。

【教学案例1】

下面是我在网络平台上讲课的一个案例。看似很简单，实则暗藏陷阱，很多学生都答错了。

筒12556899　万122346

这手牌应该怎么打？

教学图1

解答：

这是有两个对子的10张无听牌型。

可以将这手牌作如下分解：

筒12 556 899 万123 246

对照模型2，似乎马上就可以锁定：筒子12 556 899和万子123不能动，只能在246万中做选择。一看便知，打2万比打6万多1个机会数。于是马上锁定打2万是最优选择。

看似又快又好，很完美的解答，其实不然。因为模型打法的两个挨张对必须是独立的，而本例中556筒和899筒并不是独立的，所以这种选择本身就是不对的。因为8筒其实是一个多张。

J（8筒）＝J（34579筒、35万）＝7×4－5＝23

用多张的判别标准验证可知：

上述进张都可以成为狭义7张无听牌型，是有效进张，且机会数为最大。所以8筒是多张。既然是多张，就应该无条件先打！

【教学案例2】

筒12234557 万355788

这手牌应该怎么打？

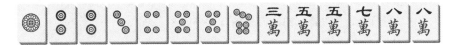

教学图2

解答：

这手牌的7筒应该是个多张。究竟是不是？用多张的判别标准验算一下就清楚了。

J（7筒）＝J（2356筒、45689万）＝9×4－8＝28

所有的进张都可以成为狭义7张无听牌型，且机会数最大，故7筒是多张。

结论：打7筒。

【教学案例3】

筒3456889　万1335889

这手牌应该怎么打？

教学图3

解答：

表面看9筒就是一个多张，其实不然，打9筒进3万，不能成为狭义7张无听牌型。所以根据多张的判别方法来鉴定，9筒不能算多张，只能算是可选牌张。本题中，可选牌张有9筒和1、5、9万。

观察可知：

打9筒，进3万不能成为狭义7张无听牌型。

打1万，进8筒不能成为狭义7张无听牌型。

打5万，进8筒不能成为狭义7张无听牌型。

验证如下：

J（9筒）＝J（78筒、2478万）＝6×4−4＝20

J（1万）＝J（7筒、3478万）＝5×4−4＝16

J（5万）＝J（7筒、2378万）＝5×4−4＝16

J（9万）＝J（78筒、2348万）＝6×4−6＝18。

结论：打9筒。

【教学案例4】

筒13345778　万224578

这手牌应该怎么打？

教学图4

解答：

牌型可分解为：

筒13 345 778 万2245 78

根据10张无听牌型有两个对子的模型，对照可知，13筒、778筒、78万是不能动的；唯一可以动的就只有5万，5万就是多张。

验证如下：

J（1筒）＝J（679筒、2369万）＝7×4－4＝24

J（5万）＝J（2679筒、2369万）＝8×4－4＝28

结论：打5万。

【教学案例5】

筒134456 万12223445

这手牌应该怎么打？

教学图5

解答：

这是复合型四人抬轿，图型可分解为：

筒345 146 万222 14 345

筒13 44 56 万222 14 345

筒13 44 56 万123 22 445

这道题缺对子。1筒好像是个多张，其实不然，由分解图2，当进张为47筒的时候，就可以把44筒独立出来；但是，如果打1筒就等于把13筒打废了，相当于损失了47筒的进张。所以打1筒不可取；只能选择1、4万。一看便知，打4万比打1万多一个机会数。

换个思路来解或许更简单：由分解图3，可以看成是有三个对子的10张无听牌型，用模型3来套打，一眼便知拆掉4万有最大机会数。

验证如下：

J（1筒）=J（25筒、12346万）=7×4−8=20

J（1万）=J（12457筒、346万）=8×4−7=25

J（4万）=J（12457筒、136万）=8×4−6=26

结论： 打4万。

二、关于多张和孤张的探讨

多张和孤张有什么不同？是先打多张好，还是先打孤张好？

关于这些问题我将通过下面的案例来和大家探讨。

【教学案例1】

筒1113689　万2245589

这手牌应该怎么打？

教学图1

牌型可分解为：

筒111 3 689　万22455 89

这是有两个对子的10张无听牌型，22455万是个整体，根本不能动，89万是个独立的单元，也不能动，只能在3、6、9筒中作选择。3筒明显是个孤张，6筒和9筒明显是多张。

验证如下：

J（3筒）=J（7筒、23567万）=6×4−4=20

J（6筒）=J（7筒、23567万）=6×4−4=20

J（9筒）=J（7筒、23567万）=6×4−4=20

结论：打3、6、9筒机会数是一样的。

这个结果似乎说明了多张和孤张没有什么不同。

这个结论如果成立，那么先打多张和先打孤张就没有区别。

真的是这样吗？

通过下面这个案例的讨论，大家自然就明白了。

【教学案例2】

筒1112558 万1247799

现在应该怎么打？

教学图2

牌型可分解为：

筒111 55 28 万124 7799

观察可知，2、8筒是孤张，1万或4万是多张。

验证如下：

J（2筒）＝J（5筒、3789万）＝5×4−6＝14

J（8筒）＝J（5筒、3789万）＝5×4−6＝14

J（1万）＝J（5筒、3789万）＝5×4−6＝14

J（4万）＝J（5筒、3789万）＝5×4−6＝14

结论：打2、8筒和打1、4万是等价的。

这个结果似乎再次说明了多张和孤张没有什么不同。

其实不然，你稍为留意一下，就能发现：

上面两个案例的计算结果是在理想进张的情况下得到的。

案例1的理想进张是7筒；案例2的理想进张是3万。一旦没有进到7筒或3万，上述情况就会发生很大变化。从案例2可以看出，只要进任何一张筒子，那么1万或4万是多张的性质马上就显现出来了。即便进任何一张万子，其多张的性质也会马上显现出来。

因为28筒的组合除5筒之外，任何进张都可以构成有听牌型，一旦成为有听牌型，1万或4万就必须打掉一张。你可能会说，那不一定，如果进了1234筒，可以先打8筒。进了6789筒，可以先打2筒。

其实，正是为了防止上述情况以及进不了3万所可能出现的各种情况，所以一开始打1万或4万才是最科学的。

也就是说多张和孤张是有区别的，这个区别就是：

第一，多张是多余的牌张，孤张不一定是多余的牌张。

第二，在理想化进张条件下，先打多张和先打孤张是一样的。

第三，在不是理想化进张的情况下，那就应该先打多张。

实战过程大都不是理想化进张，所以在大多数情况下都应该先打多张。即便是在进张理想情况下，先打多张也不会错。

通过分析，大家应该明白先打多张和先打孤张的区别了吧。

注意：

上述结论不适合二阶7张无听牌型。在二阶7张无听牌型中，究竟是先打多张还是先打孤张，需要根据实际情况来决定。

实战案例1

2021年春节期间，亲友团聚，期间打过几场麻将。其中一手牌，记忆犹新，看似普普通通一手牌，尾盘还打出了一个小高潮。

桌面情况：两家做万子，三家做筒子和条子。

刚进中盘阶段，摸进4万。

万133456689　条13557

实战图1

牌型可分解为：

万13 345 6689　条13 557

观察可知：13万、13条不能动；将6689万和557条对照10张无听牌型两个对子模型，可以马上锁定9万就是多张。

J（9万）＝J（2367万、2456条）＝8×4－6＝26

实战过程：

打9万。

牌型变为：

实战图1-1

实战过程：

摸2万，退7条。

牌型变为：

实战图1-2

实战过程：

摸2条，退8万。

牌型变为：

实战图1-3

现已听牌；胡6万、5条。

下一手，摸4万，退6万。

牌型变为：

实战图1-4

重新听牌：胡2、5万。

此时，差不多进入尾盘阶段。

当桌面上出现5条时，碰牌后退3万。

牌型变为：

实战图1-5

再次重新听牌：胡1、4、7万。

最后结果：

摸5条明杠，再摸7万，杠上开花，赢三家。

盘后点评：

此牌如果一开始没有分辨出9万是多张，一不小心，把1万或1条打掉了，那最终结果就相差十万八千里了。

实战案例2

2022年3月的一个周末，和朋友相约户外郊游。下面这手牌是刚刚打完万子后形成的。外面有两个杠牌，必须尽快听牌。

桌面情况：两家做筒子，三家做万子和条子。

筒122467889　条23668

刚刚摸进6条，应该怎么打？

实战图2

牌型可分解为：

筒1224 678 89　条23 668

观察可知：89筒、23条不能动；将1224筒和668条对照10张无听牌型两个对子模型，可以一眼就锁定1筒就是多张。

J（1筒）＝J（2357筒、1467条）＝8×4－5＝27

实战过程：

打掉1筒！

牌型变为：

实战图2-1

实战过程：

碰2筒，退4筒。

牌型变为：

实战图2-2

牌型成为狭义7张无听牌型。

接下来，碰6条，退8条。

牌型变为：

实战图2-3

牌型成为四人抬轿。

实战过程：

摸1条，退8筒。

牌型变为:

实战图2-4

现已听牌:胡6、9筒。

最后结果:

9筒自摸,关三家。

盘后点评:

此战完胜,应归功于10张无听牌型的模型打法,快速锁定打1筒多张。

实战案例3

2023年五一期间,亲友聚会,饭后打牌。下面的一手牌,多张有两个。因判断准确,加上运气较好,打得干净利落,赢得痛痛快快。

桌面情况:四家都做筒子和万子,外面有一杠牌。

刚进中盘阶段,摸进2万。

筒124457 万22467889

应该怎么打?

实战图3

观察可知:

1筒和7筒都是多张。

J（1筒）=J（346筒、2357万）=7×4-5=23

J（7筒）=J（346筒、2357万）=7×4-5=23

一手牌出现多个多张并不奇怪。

实战过程：

打1筒！

牌型变为：

实战图3-1

实战过程：

摸5万，退8万。

牌型变为：

实战图3-2

实战过程：

摸6筒，退2筒。

牌型变为：

实战图3-3

现已听牌：胡4筒、2万。

此时，牌局进入尾盘阶段。

当桌面出现4筒时，碰牌后放飞9万。

牌型变为：

实战图3-4

重新听牌：胡3、6、9万。

由于四家做两门花色，资源紧张，最后有一两家听不了牌的很常见，所以不用着急胡一个小胡。现在3个听，自摸的可能性很大。

最后结果：

3万自摸，关住三家。

盘后点评：

在10张无听牌型阶段，能够正确分辨出多张，就已经赢在了起跑线上。

实战案例4

2023年12月的最后一个周末，老同学聚会。饭后，聊天喝茶，打牌下棋，各取所需。下面这手牌运用多张理论，收获满满。

桌面情况：两家条子，三家筒子，三家万子。本人开牌就暗杠5筒。

中局阶段，牌型如下：

筒124 5555 89　万125669

应该怎么打？

实战图4

牌型可分解为：

筒5555 12489　万125669

一看便知，1筒或4筒是多张，9万是孤张。

实战过程：

打1筒。

牌型变为：

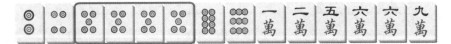

实战图4-1

实战过程：

下一手，摸8万。

牌型变为：

实战图4-2

这是有1个对子的10张无听牌型。

用模型套打，只能打对子的挨张5万。

实战过程：

打5万。

牌型变为：

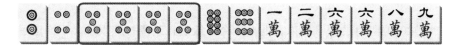

实战图4-3

实战过程：

接下来，摸7万，退2筒。

摸7筒，退4筒。

牌型变为

实战图4-4

现已听牌：胡3万。

之后摸6万，退2万。

重新听牌：单吊1万。

再之后摸7万，退1万。

牌型变为：

实战图4-5

再次重新听牌：胡5、7、8万。

最后结果：自摸8万，带根自摸，关住三家。

盘后点评：

此战大获全胜应归功于多张和孤张理论的指导。如果一不小心，打掉9万，其结果很可能有天壤之别。

实战案例5

2024年3月的一个周末，朋友聚会，饭后在茶楼打牌娱乐。下面这手牌运用多张和孤张理论处理得恰到好处。

桌面情况：四家做筒子和万子。

开局阶段，手牌如下：

筒1223699　万1122689

刚刚摸进2万，应该怎么打？

实战图5

牌型可分解为：

筒123 26 99　万1122 689

这是有三个对子的10张无听牌型，其中的2筒和6筒是孤张，6万或9万是多张。根据多张和孤张的理论，应该首选多张。

实战过程：

打9万。

牌型变为：

实战图5-1

实战过程：

接下来，摸5筒，退2筒。

牌型变为：

实战图5-2

实战过程：

之后，碰2万，退8万。

再之后，碰1万退6万。

牌型变为：

实战图5-3

现已听牌：胡4、7筒。

此时，牌局进入残局阶段。没想到，对家突然暗杠7筒，气氛骤然紧张起来。必须尽快胡牌。

接下来摸9筒，退6筒。

牌型变为：

实战图5-4

重新听牌：单吊5筒。

尾盘阶段，7筒已杠，9筒果然捂不住。下一圈9筒现身，立马直杠；杠起来4筒，于是跟随上家退1筒。

牌型变为：

实战图5-5

再次重新听牌：胡2、5筒。

最后结果：2筒自摸，关住三家。

就在这一圈，对家也是2筒自摸。

盘后点评：

本局完胜的关键是一开始打多张9万，如果打掉的是2筒或6筒，那么这手牌就打偏了，结局将很难预料。

第六节　对子活跃度问题

表面上看，对子的机会数都是2，并无差别。其实不然。从数学的排列组合中知道，1和9的组合数最小，2和8稍大，3～7最大。

组合数越小，越不受待见，被抛弃的可能性就越大。

也就是说，1和9最容易被抛弃。反过来说，如果手中有1和9的对子，那也最容易碰牌。实战中也证实了这一点。

也就是说，19、28、34567的对子实际上有三个层级。为了方便讨论，我们用罗马数字来分别表示这些对子的层级。数字越大，层级越高，越活跃，更容易碰牌；反之，数字越小，层级越低，活跃度越低，不容易碰牌。于是对子的活跃度可以用下面的数字来表示：

19活跃度最高　→Ⅲ，最容易碰。

28活跃度中等 →Ⅱ，比较易碰。

34567活跃度低→Ⅰ，不容易碰。

对子的活跃度可以用能量的大小来标注：19对子的能量最大，28对子的能量次之，34567对子的能量最小。

对子的这种属性在开局到中局阶段表现最为明显。

同理可以得出：

19刻子活跃度最高 →Ⅲ，最容易杠。

28刻子活跃度中等 →Ⅱ，比较易杠。

34567刻子活跃度低→Ⅰ，不容易杠。

下面用案例来解读这种情况。

【教学案例1】

中局后期，四家做筒子和万子。

筒1144789　万1235588

刚刚摸进3万，应该怎么打？

教学图1

解答：

四家做筒子和万子，资源紧张，必须尽快听牌。

对子4筒和5万的活跃度低于1筒和8万，应该拆掉4筒或5万，这种打法除了考虑对子的活跃度，还具有诱出打法的功能。

【教学案例2】

中局阶段，两家筒子，三家万子，三家条子。

筒113456699　万22456

刚刚摸进6万，应该怎么打？

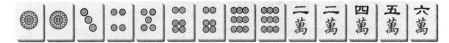

教学图2

解答：

虽然只有两家做筒子，但此牌型没有清一色的可能，此其一。

6筒活跃度最低，拆打6筒还有诱出9筒的作用，此其二。

最佳打法是拆打6筒。

【教学案例3】

中盘后期，三家筒子，三家万子，两家条子。

筒1133667　万1225799

刚刚摸进9万，应该怎么打？

教学图3

解答：

表面上看，这手牌有5个小对，离暗7对听牌只有一步之差。其实这手牌的风险很大。

第一，外面两家做条子，清一色的威胁非常大。

第二，暗7对难度很大，性价比很低。现在的5对牌看上去很不错，但其背后很可能就是一个巨大的陷阱，应随时做好转变策略的准备。

建议：

牌风稳健者，可拆打3筒。因为3筒本身活跃度低，不宜碰牌，打3筒只丢失本身的进张，但有诱出6筒的作用。

牌风激进者，可打5万，保留7对的可能性。

实战案例1

下面这手牌是2023年五一节期间，亲友聚会，在打牌过程中出现的。开牌不久，打完条子就形成了如下模样。

桌面情况： 两家筒子，三家万子，三家条子。

筒1133567　万3456699

刚刚摸进9万，应该怎么打？

实战图1

观察可知：

对子3筒和6万必须要拆打一对。考虑到三家做万子，所以拆打6万最好，同时还有诱出9万的作用。

实战过程：

拆打6万。

下一手，摸4筒，再打6万。

牌型变为：

实战图1-1

实战过程：

两次打掉6万，9万终于现身了，碰牌后退3筒。

牌型变为：

实战图1-2

现已听牌：胡2、5、8筒。

最后结果：

2筒自摸，赢三家。

盘后点评：

此局完胜，得益于一开始的拆打6万。其优势是摸进4筒的同时，还诱出了9筒。可谓一箭双雕，收获颇丰。

实战案例2

2023年10月参加朋友的生日宴会，在主人的热情安排下，饭后在茶楼里打牌娱乐。下面这手牌已到尾盘阶段，还未下听，外面已经有了两个暗杠，若不尽快下听，结束之时恐怕要赔惨。

桌面情况：两家万子，三家筒子，三家条子。

筒11144599　万456788

刚刚摸进9筒，应该怎么打？

实战图2

观察可知：

此牌是有三个对子的狭义7张无听牌型。拆打4筒有最大机会数；对子4筒的活跃度很低，碰牌不易，打4筒还有诱出1筒的作用。

实战过程：

打4筒。

4筒出去，下家跟着就打出1筒，边打边说："4筒不放炮？我就怕打1筒。"直杠1筒后，杠起来6筒，于是退8万。

牌型变为：

实战图2-1

现已听牌：胡3、6、9万。

表面上3个听，实则2个听，因对家早已暗杠了9万，桌面上打现了3个3万，且刚刚出现过5万，所以杠牌后退8万相对安全。

实战过程：

下一圈，9筒现身，果断喊碰，然后再打8万，这一招很有迷惑性。

下家说："朱教授的筒子清一色恐怕下叫了。"

我说："那是肯定的。"

牌型变为：

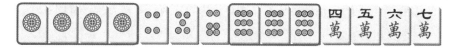

实战图2-2

重新听牌：胡4、7万。

最后结果：

4万自摸赢三家。

盘后点评：

此战全胜应归功于对全局形势的正确判断；拆打4筒，成功诱出1筒，并且杠起来6筒，迅速听牌，为胜利奠定了良好的基础。之后果断碰9筒，重新换听是最后自摸的关键。

实战案例3

2023年4月的一个周末，朋友相约，郊游南山。午饭之后在农家小院打牌娱乐，我和郑老师做搭档。

桌面情况：两家条子，三家筒子，三家万子。

开局后，做条子的两家分别暗杠1条和8条，情况很不乐观。

中盘后期，郑老师手牌如下：

筒112678　万22455799

刚刚摸进9万，应该怎么打？

实战图3

郑老师拿2筒，示意我可不可以打？

我暗示他打5万。

这是有三个对子的7张无听牌型，打5万有最大机会数，还有诱出2万的作用。且对子5万活跃度低，碰牌难度大，更有三家做万子，资源紧张。

实战过程：

打5万。

下一圈，2万现身，碰牌后，退7万。

牌型变为：

实战图3-1

实战过程：

碰9万，退2筒。

牌型变为：

实战图3-2

现已听牌：胡3、6万。

一圈之后，郑老师摸2万明杠，再摸5万打掉。

牌型变为：

实战图3-3

依然听牌3、6万。

此时摸牌还有一圈就结束了。这时候上家打出3万，郑老师立马胡牌。那一刻，郑老师笑得好开心。

谁料想，下家摸9万打9万，边打边说："你怎么不贪一手嘛？"

郑老师心态好，说道："我知足了，晓得你已经清一色听牌了，是想把几家全部关住。"

话音刚落，对家摸3条打3条，成全了下家的清一色带根胡牌。

盘后点评：

此战成功突围，还略有收获，完全是一开始拆打5万的成果。

第七节　牌感问题

所谓牌感就是牌手对麻将的感觉，对形势的一种判断能力，是牌手的一种潜意识能力。这种能力说不清道不明，但这种感觉在实战中有时候胜过牌力，胜过技术。应该算是玄学的研究范畴。

牌感是在长期的、大量的实践活动中所形成的一种特殊感觉。从知识层面上讲，这种感觉是非逻辑性的，它算不上理论，甚至连经验都算不上，但它的确是客观存在的一种能力。对牌手的影响较大。

如果你的理论知识很丰富，且长期地、经常性地参加实践活动，实战功底也很扎实，那么你的牌感就会很好。它与牌手理论知识的多与少，实战能力的强弱是正相关的。理论知识越多，实战能力越强，其牌感也必然会越好。反之，就没有那么好。牌感好的人对临场出现的某些情况大脑神经会迅速作出条件反射。对某人的一个眼神、一个表情、一个细微的动作用都会迅速作出反应，调整自己的战术打法，使自己免遭损失。

案例介绍：

在一次桥牌比赛中，我和队友把合约叫上了大满贯，由我主打。最关键的一个环节是从队友的明牌中打出黑桃3，目的是打算落Q来飞吃上家的K。这个方案从桌面上打出的第一张牌开始就一直在策划中，在头脑中反复推演了很多遍，可以说是天衣无缝。

但当黑桃3打出的那一瞬间，我的下家轻微地调整了一下坐姿，直了一下腰。就是这个动作让我迅速地、果断地改变了打法。

我当时的感觉是：有另一个我在非常坚决地要我改变战术打法，必须落A！事实就是这样，落A真的擒到了下家的独张老K，成功完成大满贯。辛苦策划了很久的一个方案，仅因为下家一个坐姿的调整就马上改变，时间不到一秒钟，而且非常果断，不容我多考虑。

这种落A擒孤K的打法你能归功于技术吗？当然不能。只能归功于感觉，临场那一刹那之间的感觉。

实战案例1

2017年3月凤凰卫视台采访我之后，一个周五的下午，正准备下班回家，手机铃声突然响起，一个朋友请吃晚饭，原来有外地朋友前来切磋麻技。当晚有一副牌，印象特别深。

桌面情况：　四家做筒子，两家做万子，两家做条子。

我和对家做万子，对家碰了9万。

中盘阶段，本人牌型：

筒2234567　万2334567

刚刚摸进2万，应该怎么打？

实战图1

观察可知：

打掉3万，可以马上听牌258筒。

对家虽然碰了9万，但没有迹象表明对家在做清一色，更谈不上清一色已经听牌。任何人都会打3万，我也不例外。

当我拿起3万准备打出的时候，突然有一种非常不舒服的感觉。这感觉说不清道不明，可能是潜意识在提醒我，3万不能打！就在伸出手的那一瞬间，我停下来了。最后，换了2筒打出去。正是这个换牌的举动让自己躲过了一场灾难。对家是清一色带根，就等3万出现。

最后结果：

上家打3万，一炮双响，成全了我和对家。

事后，有观战者问我，为何不打3万，胡258筒？

我的回答很明确：感觉。

实战案例2

2021年6月的一个周末，参加朋友的生日宴会。饭后朋友安排切磋牌技，其中一手牌完全是凭感觉打成的。

桌面情况：两家做筒子，三家做万子和条子。

中盘阶段，手中牌型为：

筒22344577　万344556

刚刚摸进5万，应该怎么打？

实战图2

现在有5对牌。

以我对暗7对的认知，我是绝对不会强行去做暗7对的。现在拆掉2筒，马上就听牌3、6筒。

那天不知为什么，当我拿起2筒要打出去的时候，一种莫名的强烈感觉不能这么打。手已伸出了一半，最后缩了回来，重新打出了5筒。

说来真的就很怪，下一圈，伸手就摸进了3万。

牌型变为：

实战图2-1

现在打哪一张？

当时的想法是，既然当初上天不让我打2筒，听牌3、6筒，那就说明留下3筒是错的，虽然筒子只有两家做。

实战过程：

打掉3筒！

牌型变为：

实战图2-2

听牌6万。

连我自己都不相信：下一圈，6万自摸。暗7对，关三家。

这手牌以我的打牌风格不可能这么打。

我想，不少人在打牌时，或多或少可能都遇到过这样的事情。

牌感这种能力只能在长期的、大量的实践活动中去获得。

忠告：

虽然感觉这东西的确存在，有时候或许可以救你一把。但绝不能因此而忽视牌技的学习。知识的提高才是王道。

实战案例3、4、5

关于幸运数。

我下面介绍的这些情况可能大家或多或少都经历过。

第一次：

数月前和朋友一起打牌。上桌后的第一把牌就遇到了一件有意思的事情。

桌面情况：两家筒子，三家万子，三家条子。

本人刚把筒子打完就成了如下牌型：

万12356799　条13555

实战图3

胡间张2条。

这个听的确很差，原本打算有机会时碰9万，退1条，重新听牌。没想到，下一圈就把2条摸上了手，自摸关三家。

他们说："你今天是啥子手气哟，我们的脸还没洗干净（指缺门花色还未打完），你就自摸了。"

"看来这2条今天会给你带来好运。"

这话倒是给我提了个醒。

第二次：

过了好几盘，又遇到了2条。

桌面情况：四家都做筒子和条子。

开局阶段，本人牌型为：

筒135789　条12235579

刚刚摸进5条，该怎么打？

实战图4

这牌一眼就能看出，打2条最佳。

考虑到2条给我带来的好运，于是就留下2条，打1筒。

牌型变为：

实战图4-1

下一圈摸牌：

真就摸了一张2条。于是采用"剥皮打法"，打1条。

牌型变为：

实战图4-1

接下来，摸8条，退3条。

牌型变为：

实战图4-2

听牌4筒。

真没想到这么快就听牌了，而且还把2条独立出来了。我庆幸自己一开始留住了2条。

接下来，摸6筒，退3筒。

牌型变为：

实战图4-3

此时，牌局进入尾盘阶段。

最后结果：摸2条暗杠，再摸7筒杠上开花。

我暗自想，这2条今天还真是自己的幸运牌。

接下来的事情更加不可思议。

第三次：

全场最后一盘，手牌为：

筒233445　条5558999

实战图5

听牌78条。

下一手，摸2条，考虑到2条是幸运数，于是打8条。

其实无论从听牌数量的多少，还是考虑打2条诱出5条的作用来说，此时打2条都应该是最佳选择。

既然今天遇到了幸运牌这件事，我也正想通过这种打法做一下实验，丰富自己的打牌经验和写作内容。

牌型变为：

实战图5-1

重新听牌：胡2条。

完全出乎意料，下一手单吊2条自摸。

众人对此皆称奇。

这种情况从概率上讲，真的就是小概率事件，但在同一天，同一地点却实实在在发生了三次，这的确难以解释。

对幸运牌这种奇异的事情有待进一步探索。

实战案例6

下面这个牌例是完稿之后添加的。

某天，与来仙女山避暑的几个朋友打了两个小时的麻将。

上桌第一盘，坐我下家的刘女士开牌就暗杠8万；之后，相继碰1万，碰2万，四五圈之后就自摸。第一盘就给大家来了个下马威。

过了两盘，她再次暗杠8万，最后赢了一个炮胡。

我说："今天8万是你的幸运牌，好好把握。"

谁知这话真就说准了。

下面这局牌，我是庄家，出手就胡2条。

桌面情况：四家都做筒子和万子。

第一圈，上家就打出了2条成全了我胡牌。

上家说："教授，你这么早就胡牌了呀！"

我随即来到刘女士身后看她打牌。

残局阶段，刘女士手牌如下：

筒12334588　万33579

实战图6

当3万出现时，刘女士喊碰。

此时，桌面上6、9万各打现1张，8万打现两张。

刘女士打出5万。

边打边说："听教授的，就胡它。"因为我之前对她说过，8万是她今天的幸运牌。

牌型变为：

实战图6-1

胡8万。

最后两圈时，8筒出现，刘女士犹豫不决。

她的下家问："碰不碰？"

刘女士最后说："不碰，还是胡它。"

你猜，最后怎样？

最后的结果居然是：刘女士海底8万自摸。

大家都调侃她："你今天啥子手气哟，8万被你喂家了。"

之后，我有事离开，夫人接替我打。

事后，夫人对我说，刘女士有一手牌做万子清一色。夫人为了下听，打出一张万子，并对刘女士说："你胡不胡？"

桌上的王女士说："她今天只胡8万。"

话音刚落，刘女士清一色单吊8万自摸。

你说这种事，神奇不神奇？

后 记

最后寄言读者：

在网络如此发达的当今社会，网络上有关麻将的教学视频数不胜数。常常看到如下的标题：

"只要学会了这一招，保证你打牌只赢不输"

……

类似这样的标题有很多，但大多都是哗众取宠，名不副实。其目的只为赚取流量，赚取点击率。麻将水平的提高是一个系统工程，涉及数学、心理学、逻辑学等知识，不可能只靠某个知识点，或某一个打牌技能就能成为高手。高手的练成需要系统的学习和实践。

此外，手机软件上的测试题浩如烟海，一旦陷入其中，就很难自拔，每天乐此不疲地解这些题，既费时又费神，还伤害眼睛。到头来还是空空如也，每每遇到陌生状况还是不知所措。

究其原因是学习不得要领，当你学习了机会数理论，对麻将的理解就会豁然开朗，上升到一个新的层次。无论遇到什么难题怪题，无论它有多么刁钻古怪，在机会数面前都会原形毕露。

本人打算推出《机会数理论实战训练500题》，让读者通过练习题的方式系统地学习和运用机会数的理论和实战打法。

现在机会数理论的相关原理已成为计算机软件工程师设计麻将软件的底层逻辑，运用到计算机和手机软件上作为打牌晋级、进阶考试的评判标准。

有读者说，机会数理论是麻将的终极武器，是最终的评判标准。

本书完稿后，最先阅读校对的人是一期读者学员林先波老师。林老师对机会数理论的理解和掌握都非常好，在此对林老师表示感谢。

朱 扬

2024年7月30日